I0174296

Honorine

C'est une contrefaçon
qu'il faut garder.

Maison est couverte en tuiles ; le 28 Thermidor, moyennant la somme de .... éclaircissemens, au Citoyen CHRISTLEIGH, Migny, ancien Procureur au ci-devant Châtelet, rue *****, n° 683, tous les jours jusqu'à deux ......

STU, rue Hautefeuille, n. 14.

HONORINE,

OU LA

FEMME DIFFICILE A VIVRE,

COMÉDIE,

En trois actes et en prose, mêlée de vaudevilles;

Par J. B. RADET.

Représentée pour la première fois au théâtre du Vaudeville, le 25 pluviose, an 3, (13 février 1795, vieux style.)

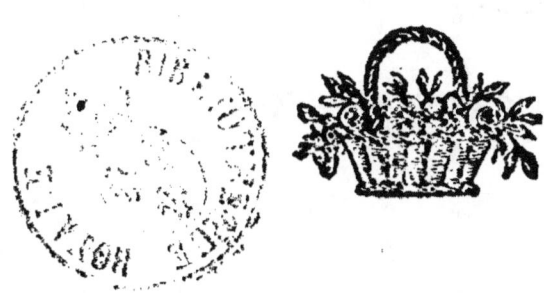

A PARIS,

Et se vend au théâtre du VAUDEVILLE.

An V. 1797.

PERSONNAGES.	ACTEURS.
DERVILLE.	M. Henry.
HONORINE, sa femme,	Mlle. Sara.
DUCHEMIN, oncle d'Honorine,	M. Rosiere.
ZAGO, jardinier nègre,	M. Delaporte.
LOUISE, jeune fille élevée près d'Honorine,	Mme. Blosseville.
MATHURIN, ancien jardinier, et à présent concierge du château,	M. Chapelle.
BLAISE, jeune marié,	M. Charpentier.
CLAUDINE, son épouse,	Mme. Delaporte.
PAYSANS, PAYSANNES.	

La scène est à la campagne.

HONORINE,

OU LA
FEMME DIFFICILE A VIVRE,
COMÉDIE.

ACTE PREMIER.

Le théâtre représente un jardin, sur la droite l'entrée d'une maison.

SCÈNE PREMIÈRE.

ZAGO *seul occupé à relever des vases renversés, à replanter quelques arbustes, et enfin à réparer le désordre du parterre.*

Air : *Par-là dans la campagne.*

Avec zèle et courage,
Chaque jour dans ce jardin,
Moi, bon cœur à l'ouvrage,
Et travailler grand matin ;
   Ici vivre à gogo,
   Chacun aimer Zago ;
   Maîtresse un peu méchante ;
   Mais bon maître si doux !
   Li faisoit bien à tous :
Moi, point souci, jamais chagrin,
Chanter toujours joyeux refrain ;
Et cœur tranquille, ame contente
     Donner gaîté,
     Santé.   } *bis.*

Personne encore levé dans la maison.... Oh ! non... Louise repose, tant mieux.... Elle si bonne! si aimable!... Oui, mais Louise trop blanche ou moi trop noir.... C'est dommage.

SCÈNE II.

ZAGO, MATHURIN.

MATHURIN.

Ah! ah! Zago, déjà à l'ouvrage!

ZAGO.

Oui, Mathurin, depuis commencement du jour.

MATHURIN.

Mon ami, chacun son temps; j'ai travaillé comme toi, du matin au soir, pendant quarante ans que j'ai été jardinier dans c'te maison; à présent qu'j'en suis le concierge et que j'suis veuf, j'me repose.

ZAGO.

Toi enfin consolé de plus avoir femme?

MATHURIN.

C'n'est pas sans peine; après sa mort, j'ai eu affaire à des vivans qui ont ben fait tout c'qu'il ont pu pour prolonger mon chagrin.

ZAGO.

Comment donc ça ?

MATHURIN

Imagine-toi que des héritiers qu'ils appelliont, j'crois,.... des colas....

ZAGO.

Des colas ?

MATHURIN.

Non, des colatoraux.... Ces colatoraux ont eu souvenance que j'avions touché d'ma défunte une dot de six cents livres; v'là-t-il pas qu'ces enragés-là sont v'nus me menacer d'faire vendre mon p'tit ménage, si je n'leur rendions pas la somme tout de suite.

ZAGO.

Diantre! ces gens-là pressés beaucoup.

COMEDIE.

MATHURIN.

Oh! je t'en réponds : ma femme ne les connoissoit pas; mais ça n'fait rien.

Air : *Papa, montez sur ce tréteau.*

Si j'nons pas toujours des parens
Dont la main nous soulage ;
J'en trouvons au déclin d'nos ans
Pour prendr' not' héritage :
Au lit où j'sommes à souffrir,
On les voit nous poursuivre ;
Ils ont l'air d'nous prier d'mourir
Pour leur bailler d'quoi vivre.

ZAGO.

Faut pas écouter.

MATHURIN.

Je n'savois comment me délivrer de ceux-ci, j'n'avois pas le sou, je v'nois de payer ce coin de terre que j'acheti l'an passé, mêmement que not' bon maître, M. Derville, m'avoit avancé une partie de c' qui me manquoit.

ZAGO.

Li généreux!

MATHURIN.

Ah! quoiqu'ça, n'faut pas abuser, je n'aurions jamais osé li parler de c'maudit embarras; et sans Louise à qui l'j'avois conté, j'crois qu'j'en s'rois dev'nu fou; mais c'te bonne fille a si ben su tourner ça, qu'hier all' m'a apporté le six cents livres.

ZAGO.

Tiens! elle pas dit à moi.

MATHURIN.

Je l'crois : all'veut que j'n'en sonne mot à personne, jusqu'à c'que j'aie remercié M. Derville; et pour que j'le r'marcie, all'dit qui faut que j'attende qui m'parle l'premier.

ZAGO.

Li pas vouloit remercîmens, jamais. . . . . li si bon!

MATHURIN.

Et c'n'est pas de c'te bonté qui n'est qu'en paroles; il sait encore mieux faire une belle action qu'un biau discours, et aujourd'hui ça n'est pas commun.

HONORINE,

ZAGO.

Toi, bien raison.

MATHURIN.

C'est dommage que sa femme ne lui ressemble pas; alle est si fière, si hautaine !... Est-ce qu'alle a toujours été comme ça ?

ZAGO.

Toujours. Père à elle, Américain beaucoup riche; li avoit là-bas camarades à moi grand nombre; Honorine bien petite, déjà maîtresse tout-à-fait : commander, gronder tous, battre nègres souvent, et père à elle trouver bien.

MATHURIN.

Pardine, je n'm'étonne plus s'il en a fait un si bon sujet. Queu démon avec sa jolie petite mine et ses yeux doux !... A propos, all' l'avoit taillé d'la besogne hier.... Mais il n'y paroit plus.

ZAGO.

Nou, moi tout raccommodé.

MATHURIN.

Morgué, ça alloit ben.... Les fleurs arrachées, les pots cassés, les caisses renversées.... et ça parce qu'on n'les plaçoit pas assez vite sous ses fenêtres.... Mais queu fantaisie à M. Derville d'aller épouser une femme d'Amérique !

ZAGO.

Oh ! femmes Américaines belles... beaucoup.

MATHURIN.

Air : *Vaudeville d'Arlequin afficheur.*

Faut-il donc d'si loin de Paris
Faire venir de belles dames ?
J'nai pas couru tous les pays ;
Je n'connois pas toutes les femmes ;
C'tapendant, j'crois ben, voyez-vous,
Qu'entr'elles l'y a d'la différence,
Mais j'dis qu'celle que j'voyons chez nous
  Mérit' la préférence.

ZAGO.

Honorine pas aimée de Mathurin.

MATHURIN.

Oh ! j'li tiens tête, je n'suis pas si endurant que toi : de temps en temps tu attrapes queuqu'bonnes taloches.

COMÉDIE.

ZAGO (*riant.*)

C'est vrai.

MATHURIN.

Ça t'fait rire !

ZAGO.

Air : Fatigué de si longs voyages.

Souvent pour rien, d'un ton sévère,
Contre moi crier tout à coup ;
Eh puis, entrer en grand' colère,
Et battre moi beaucoup, beaucoup : (*bis*)
Mais moi rire de sa folie,
La laisser frapper à loisir :
Soufflets donnés par main jolie
Font moins de mal que de plaisir. (*bis*)

MATHURIN.

Grand bien te fasse.

Même air.

Moi, j'n'aurois pas l'ame assez bonne
Pour m'amuser de tout cela,
J'aime assez que fillette m'donne
Quenq' p'tits soufflets, parci, parlà ; (*bis*)
Mais quand ça vient d'une furie
Qui vous tape au gré d'son desir,
J'trouv' que quoiqu' la main soit jolie,
Ça fait plus d'mal que de plaisir. (*bis*)

ZAGO.

Oh ! c'est que toi pas accoutumé.

MATHURIN.

Non, ce régime-là n'prendroit pas avec moi. Mais c'est c'te pauvre Louise qui est son vrai souffre douleur.

ZAGO.

Oh ! oui... elle souvent tourmentée des caprices d'Honorine.

MATHURIN.

Derville ne devroit pas souffrir ça.

ZAGO.

Li pas savoit : Louise jamais oser porter plaintes ; elle orpheline bien jeune, élevée avec sa maitresse, jamais pouvoit la quitter : Monsieur Duchemin, oncle d'Honorine, vouloit que Louise rester toujours comme enfant dans la maison.

A 4

MATHURIN.

Oui, c'est un bel enjoleux que ton monsieur Duchemin; depuis six mois qu'il s'est débarrassé d'sa nièce pour la faire épouser à son ami Derville, il est retourné à Paris, et je n'l'avons pas r'vu ici.

ZAGO.

Il arrive ce matin.

MATHURIN.

Il arrive.

ZAGO.

Derville écrire à li lettre pressée beaucoup.

MATHURIN.

Tant mieux, j'aurons l'plaisir d'li dire ce que j'avons sur l'cœur.

ZAGO.

On vient... Justement c'est M. Duchemin.

SCENE III.

LES MÊMES, DUCHEMIN.

DUCHEMIN.

Bon jour, Zago; bon jour, Mathurin.

ZAGO.

Toi arrivé déja? toi matinal.

DUCHEMIN.

Faire six lieues avant huit heures, ce n'est pas être paresseux.

MATHURIN.

N'faut pas vous demander comment vous en va, car, morgué! vous avez bonne mine.

DUCHEMIN.

Grace au ciel, je me porte bien. Zago, va voir si ton maître est réveillé.

ZAGO (*s'en allant.*)

Moi, courir.

SCÈNE IV.

MATHURIN, DUCHEMIN.

MATHURIN.

S'il est réveillé, faudroit ben plutôt d'mander s'il s'est endormi.

DUCHEMIN.

Que veux-tu dire?

MATHURIN.

Air : *Romance de Claudine.*

Je sais que souvent en ces lieux,
Le sommeil est loin d'sa paupière,
Et quéqu'fois, sans fermer les yeux,
L' cher homm' pass' la nuit toute entière :
J'crois qu' pour trouver l'oubli d'ses maux,
Tout c' qui f'roit s'roit ben impossible :
Méchante femme et bon repos, }
Chacun sait qu' c'est incompatible. } (bis)

DUCHEMIN (*à part.*)

Ce qu'il dit là m'afflige ; cette nièce qui devoit faire le bonheur de son époux, que je croyois destinée à rendre ma vieillesse heureuse, sera-t-elle donc le tourment de tous ceux qui la chérissent ?

MATHURIN.

C'est que, voyez-vous, c'bon M. Derville.... C'est un ben honnête homme, un ben digne homme ; mais (*portant la main à son front*) il n'a pas d'ça..... Non, il est trop doux ; avec une femme comme la sienne, faudroit, morgué !....

DUCHEMIN (*appercevant Derville.*)

Le voici.... Laisse-nous.

(*Mathurin sort.*)

SCENE V.

DERVILLE, DUCHEMIN.

DERVILLE.

Ah! mon ami, que j'ai de joie de vous revoir!

DUCHEMIN.

Embrassons-nous, mon cher neveu.... Tu m'as mandé d'arriver, et me voilà. Eh bien! ma nièce est donc toujours la même?

DERVILLE.

Il est trop vrai, et je vous avoue franchement que ma patience est à bout.

DUCHEMIN.

Ne te décourage pas.

DERVILLE.

Ma douceur, ma complaisance, ma tendresse, loin de la rendre plus raisonnable, n'ont fait, jusqu'à ce jour, qu'encourager sa mauvaise humeur.

DUCHEMIN.

Eh bien! mon ami, il faut changer de ton et de langage; trop de bonté, trop d'indulgence ont rendu ta femme insociable, il faut user de moyens contraires.

DERVILLE.

Mais c'est que vous n'imaginez pas.....

DUCHEMIN.

Si fait, je connois tous les défauts de ma nièce; inconstante dans son humeur, bisarre dans ses goûts....

DERVILLE.

Capricieuse, jalouse....

DUCHEMIN.

Exigeante....

DERVILLE.

Impérieuse....

DUCHEMIN.

En un mot, un grand enfant gâté.

COMEDIE.

DERVILLE.

Elle ne s'apperçoit ni des soins qu'on lui rend, ni des égards qu'on a pour elle.

DUCHEMIN.

Il faut convenir que les femmes savent bien dissimuler ! Dolban qui est venu l'autre jour m'apporter de tes nouvelles, te trouve fort heureux ; il est persuadé que tu fais un excellent ménage.

DERVILLE.

Je ne puis pas confier mes peines à tout le monde.

Air : Vaudeville du mariage d'Antoine.

> L'époux qui gémit tous les jours
> Doit encore savoir se contraindre ;
> Car il ne trouve pas toujours
> Des gens disposés à le plaindre :
> Mais, au contraire, on dit tout bas :
> Sa femme est bien mieux qu'il ne pense.
> Pour les défauts dont on ne souffre pas
> On montre beaucoup d'indulgence. (*bis*)

DUCHEMIN.

Je conçois cela.

DERVILLE.

Mais, cruel ami, puisque vous connoissiez le caractère de votre nièce, pourquoi m'avoir fait contracter ce fatal mariage ?

DUCHEMIN.

Il deviendra heureux, si tu veux suivre mes avis : ta femme a de l'esprit, et son cœur n'est pas mauvais, avec cela il y a de la ressource.

DERVILLE.

Comment espérer de changer un pareil caractère ?

DUCHEMIN.

En prenant sur elle l'empire qu'elle sait avoir sur toi, en opposant la force à la force, en criant aussi haut, et plus haut qu'elle.

DERVILLE.

Quoi ! mon oncle....

DUCHEMIN.

Oui.... use hardiment des droits que la raison te donne, et je te réponds que nous la corrigerons.

HONORINE.

DERVILLE.

Tourmenter de sang-froid une femme chérie, adorée....

DUCHEMIN.

Pour mieux assurer son bonheur.

DERVILLE.

Ce moyen n'est pas sans inconvénient : Honorine m'aime ; je voudrois changer son caractère, sans lui rien ôter de sa tendresse pour moi.

DUCHEMIN.

Vas, vas, crois-en mon expérience, et laisse-toi conduire.

Air : *Chantons les matines de Cythère.*

D'un père imprudent, plein de foiblesse,
Honorine fut l'enfant gâté,
Pour la corriger, tu dois sans cesse
Contredire en tout sa volonté.

DERVILLE.

Du matin au soir elle se livre
A l'excès de sa mauvaise humeur :
Personne avec elle ne peut vivre,
Et je l'épousai pour mon malheur.

DUCHEMIN.

Un peu trop, crois-moi, ton cœur s'afflige ;
Cet esprit altier s'adoucira :
L'amour doit opérer ce prodige,
Et Derville aimé réussira.

DUCHEMIN.

{ Oui, trop tôt crois-moi ton cœur s'afflige ;
Cet esprit altier s'adoucira :
L'amour doit opérer ce prodige ;
Oui, Derville aimé réussira.

ENSEMBLE {

DERVILLE.

{ C'est avec raison que je m'afflige ;
Jamais elle ne s'adoucira ;
Cessez d'espérer un tel prodige ;
Ma femme jamais ne changera.

SCENE VI.

Les mêmes, LOUISE, ZAGO.

Louise (*sortant de la maison en pleurant.*)

Ah! ah!

Zago (*qui travailloit au jardin et qui voit Louise en pleurs.*)

Eh! bon Dieu!... pauvre Louise, pauvre bonne.... pourquoi donc toi si grand peine?

Louise (*pleurant.*)

C'est être bien injuste!

DERVILLE.

Qu'avez-vous, Louise?

DUCHEMIN.

Ta femme l'aura brusquée.

DERVILLE.

Il y a toute apparence.

ZAGO.

Elle grand chagrin.

DERVILLE (*à Louise.*)

Vous avez pleuré?

DUCHEMIN.

Elle pleure encore.

DERVILLE.

Vous sortez de chez Honorine; je suis sûr que c'est elle qui cause les larmes que vous vous efforcez de retenir.

LOUISE.

Eh! mais....

DERVILLE.

Je veux savoir la vérité.

DUCHEMIN.

Allons, parle.....

ZAGO.

Oui, oui, parle.

LOUISE.

Air : *J'avais égaré mon fuseau.*

Chez elle j'entrai ce matin,
Selon ses ordres de la veille;

Elle reposoit, et soudain,
Avec humeur elle s'éveille.
J'aproche d'elle doucement ;
Elle me parle brusquement,
Et puis me frape, mais bien fort.

ZAGO.

Bien fort !

LOUISE.

Bien fort.....
Et pourtant, je n'avois pas tort,

ZAGO.

Ah ! moi sai bien, toi jamais tort.

LOUISE.

Non, vraiment, je n'avois pas tort.

DERVILLE.

Se livrer à de pareils excès ! et contre qui ? contre un enfant élevée près d'elle, qui la sert plus par amitié que par devoir.

DUCHEMIN.

Tu vois la nécessité de suivre mes avis.

LOUISE (*à Derville.*)

Ah ! Monsieur, ne lui parlez pas de cela ; que je ne sois pas la cause....

DERVILLE.

Quoi ! Louise, après la manière dont elle vous a traitée....

LOUISE.

Oh ! je ne lui en veux pas ; c'est un petit mouvement de vivacité.

DUCHEMIN.

C'est toi qui l'excuse !

ZAGO.

Bonne Louise!

LOUISE.

Air : *On le savoit dans le village.*

Faut-il hélas ! lui faire un crime
Des traits de sa mauvaise humeur ?
Elle est la première victime
De ses mouvemens de fureur ;

L'instant d'après, plus réfléchie,
Sans doute, elle en gémit tout bas.
Ah ! mon cher maître ! ah je vous prie,
Plaignez-la, ne la grondez pas.   (bis.)

DUCHEMIN.

Louise est toujours bonne fille !

ZAGO.

Air : *Vaudeville de la Clochette.*

Frapper tant douce créature !....
Ah ! c'est avoir ame bien dure,
Et moi pouvoit pas concevoir.

LOUISE.

En rentrant près d'elle, j'espère
Qu'elle n'aura plus de colère,
Allons remplir notre devoir.
(*On entend le bruit d'une sonnette.*)
Justement, je l'entend qui sonne....

ZAGO.

Oui, vraiment... derlin, derlin, derlin.

DERVILLE (*arrêtant Louise.*)

Restez, Louise, je l'ordonne.

DUCHEMIN (*à Louise.*)

Reste le danger est certain;
Car j'entends sonner le tocsin.   (bis.)
(*Le bruit de la sonnette redouble.*)

SCÈNE VII.

LES MÊMES, MATHURIN.

MATHURIN (*appellant avant de paroitre.*)

LOUISE, Louise.... mais vous êtes donc sourde... vla un quart dh'eure que madame carillonne à faire tomber toutes les sonnettes.

DERVILLE.

C'est moi qui lui défends de répondre.

MATHURIN.

Ah ! c'est différent... Mais Louise, quoique vous avez donc ?

ZAGO.

Honorine a battu elle.

MATHURIN.

Encore !

DERVILLE. DUCHEMIN.

Comment encore !

MATHURIN.

Pardine ! c'est tous les jours la même chose.

LOUISE (*voulant l'empêcher de parler.*)

Mathurin....

MATHURIN.

Non, mamzelle... Si vous êtes assez bonne pour souffrir ça sans vous plaindre, moi j'suis trop franc pour ne pas dire à c'brave homme tout c'qui en est.

DUCHEMIN.

Oui, oui, parle, Mathurin.

MATHURIN.

Air : *Mon père étoit pot.*

Cinq ou six fois par jour, au moins,
All' se fâche, alle crie ;
Malheur à ceux qui sont témoins
De ces momens d'furie.

(*Montrant Zago.*)

All' bat c'garçon-la.

ZAGO *bas à Mathurin.*

Tais-toi.

MATHURIN.

All' bat Louise que v'la..

LOUISE (*bas à Mathurin.*)

Paix donc.

MATHURIN.

Qu'est d'une douceur extrême.

(*à Derville.*)

Si vous souffrez ça,
J'dis qu'all' finira
Par vous battre vous-même.

DUCHEMIN.

Je sais un bon remède à cela.

DERVILLE.

Eh ! qu'elle est-il ?

DUCHEMIN.

Tout simple.... Ecoute.

(*il parle bas à Derville.*)

COMEDIE.

LOUISE (*à Mathurin.*)

Qu'il est babillard !

MATHURIN.

J' dis la vérité. C' n'est pas ma faute si elle n'est pas flatteuse.

ZAGO.

Toi bien méchant aujourd'hui.

MATHURIN.

Je suis bon avec les bons, méchant avec les méchans... Certainement, je n'suis qu'une bête en comparaison d'un homme d'esprit, comme M. Derville ; mais si j'avois une femme pareille à la sienne, faudroit, morgué ! qu'all obéissît ou qu'all disit pourquoi.

DERVILLE (*répondant à ce que Duchemin lui a dit tout bas.*)

Vous avez toute raison ; mais je suis tourmenté du chagrin que je vais lui donner.

DUCHEMIN.

N'y prend pas garde ; et sois sûr que pour rompre certains caractères, toutes les leçons de morale ne valent pas un jour de contrariété.

ZAGO (*à Louise.*)

La voilà..., gare, gare. (*à Derville.*) Ah ! bon maître, toi pas laisser battre Louise ?

DERVILLE.

Non, non, ne crains rien.

MATHURIN.

Faudra tâcher d'nous défendre, j's'ront cinq contre une !.. (*appercevant Honorine.*) Alle a mis son bonnet de travers, ça ira mal.

SCENE VIII.

LES MÊMES, HONORINE.

(*paroissant sortir du lit, habillée à la hâte et avec beaucoup de désordre.*)

HONORINE.

Y a-t-il assez long-temps que je vous sonne, m'moiselle ?

HONORINE,

DUCHEMIN.

Eh! bonjour, ma chère Honorine.

HONORINE.

Quoi! mon oncle, c'est vous! (*Elle l'embrasse.*) L'impertinente.

DUCHEMIN.

J'arrive un peu matin.

HONORINE.

On n'arrive jamais trop tôt quand on est sûr de faire plaisir.

DUCHEMIN.

C'est bien obligeant ce que tu me dis là.

MATHURIN (*à part.*)

Ça n'est pas naturel....

HONORINE.

J'ai pourtant beaucoup d'humeur, telle que vous me voyez.

DUCHEMIN.

Déjà?

MATHURIN (*à part.*)

La journée sera bonne.

HONORINE.

Air: *Contre-danse du diable à quatre.*

Du matin au soir, et contre tous,
Sans relâche,
Il faut que je me fâche.
Tour à tour mes gens et mon époux,
A plaisir excitent mon courroux:

MATHURIN.

La v'là partie.

HONORINE (*montrant Louise.*)

Elle, par son indolence,
Et son faux air de douceur.
(*Montrant Mathurin.*)
Lui: par son ton d'arrogance...
(*Montrant Zago.*)
Lui, par son souris moqueur....
(*Montrant son mari.*)
Lui, par sa froideur hors de saison,
En silence,
Souffre qu'on m'offense;
Enfin, voyez-vous, dans la maison,
Personne que moi n'a de raison.

COMEDIE.

DUCHEMIN.

Triste prérogative.

MATHURIN (*à part.*)

C' qui m' fait plaisir, c'est qu' j'avons chacun not' paquet.

ZAGO (*à part, à Louise.*)

Reste auprès de moi.

HONORINE.

Et vous, petite sotte, vous disparoissez et ne répondez pas quand je vous appelle !

LOUISE.

Mais, Madame.....

DERVILLE.

Elle a grand tort ; vous l'aviez si bien reçue !

HONORINE.

Ah ! mademoiselle a porté ses plaintes.

DERVILLE.

Doit-on endurer sans murmurer vos caprices et vos mauvais traitemens ? il faut aimer ceux qui nous entourent, et tâcher de s'en faire estimer, parce qu'ils nous jugent.

HONORINE.

Avec ces beaux sentimens-là, vous serez bien servi par vos gens.

DERVILLE.

Je n'exige pas qu'ils soient parfaits ; je suis reconnoissant de leurs efforts, et indulgent pour leurs fautes.

HONRINE.

Air : *Daignez m'épargner le reste.*

Oh ! vous pouvez, j'y consens
Vous contenter d'un tel service :
Mais moi, monsieur, moi je prétends
Qu'à mes ordres l'on obéisse,
Qu'on ne me réplique jamais,
Telle est ma volonté suprême.

DERVILLE.

Pour que vous soyez désormais
Servie au gré de vos souhaits,
Vous vous servirez vous-même.

HONORINE.

Plait-il ?

DERVILLE.

Vous vous servirez vous-même.

HONORINE,

DUCHEMIN (à part.)

Bon ! voilà le premier pas.

HONORINE.

Qu'est-ce que cela veut dire ?

DERVILLE.

Que je défends expressément à toutes les personnes de la maison de rien faire pour vous.

DUCHEMIN (bas à Derville.)

A merveille.

HONORINE.

Ah ! ah !..... mais cette défense est tout-à-fait aimable, et ce nouveau langage vous sied à ravir.

MATHURIN.

Quand a c' qui est de moi, je vous promets, M. Derville, que je n' vous désobéirai pas.

ZAGO (bas à Louise.)

Oh ! nous toujours rendre à elle petits services par-ci, par-là.

LOUISE.

Oui, sans doute.

HONORINE.

Mais j'espère que vos ordres ridicules ne regarde pas Louise.

DERVILLE.

C'est particulièrement pour elle que je parle.

HONORINE.

Pour elle ?... A la bonne heure : aussi bien, depuis long-temps son service me déplaît ; qu'elle s'en aille.

ZAGO.

Bah !

DERVILLE.

Non pas, s'il vous plaît.

HONORINE.

Mais je la chasse.

DERVILLE.

Et moi, je la garde.

HONORINE.

Malgré moi !

DERVILLE.

Je n'ai pas oublié que votre père, en mourant, vous fit promettre de lui tenir lieu de mère.

HONORINE.

J'aurai soin d'elle ; mais ce ne sera pas ici.

COMEDIE.

DERVILLE.
Ce sera ici.

DUCHEMIN (*bas à Derville.*)
Bravo!

HONORINE.
On me contrarie! on me résiste!.... Quel est donc ce ton-là, s'il vous plait?

DERVILLE.
Celui que j'aurois dû prendre il y a long-temps.

HONORINE.
Mon oncle....

DUCHEMIN (*à Honorine.*)
Il est ton mari.

HONORINE.
Air : *Petite Couturière.*
Me braver de la sorte!
Je prétend qu'elle sorte ;
Je la mets à la porte.

DERVILLE.
Non, elle restera.

HONORINE. (*à Duchemin.*)
Vous voyez qu'il m'exède.

DUCHEMIN (*bas à Honorine.*)
Cède.

DERVILLE.
La douceur à son terme.

DUCHEMIN (*bas à Derville.*)
Ferme.

DERVILLE.
On s'en corrigera.

DUCHEMIN.
Bon! du courage: et l'on réussira.

ZAGO *sautant de joie.*
Moi bien content ; Louise restera.

MATHURIN (*à part.*)
C'est ça : et v'là enfin un homme de tête.

LOUISE (*à Derville.*)
Monsieur permettez....

DUCHEMIN (*bas à Louise.*)
Ne te mêle pas de cela....

HONORINE (à part.)

Je ne reviens pas de ma surprise....

MATHURIN (bas à Zago.)

Alle est un peu étourdie du coup ; mais ça ne s'ra rien.

HONORINE (à Derville.)

Quoi ! Monsieur, vous défendez que Louise me serve, et vous la retenez !

DERVILLE.

Oui, Madame.

HONORINE.

Fort bien !... Je vois ce qui en est.

DERVILLE.

Et que voyez-vous ?

HONORINE.

Ce que vous dissimulez fort mal ; oui, perfide ; l'osbtination que vous mettez à me contrarier, la chaleur indécente avec laquelle vous prenez la défense de cette créature, le tendre intérêt qu'elle vous inspire, tout cela prouve assez vos coupables intentions.

LOUISE.

Quoi ! Madame....

HONORINE.

Taisez-vous, impernitente....

DERVILLE.

Vous pourriez penser....

HONORINE.

Allez, Monsieur, n'ajoutez pas la fausseté à l'inconstance.

DERVILLE.

O ciel !

DUCHEMIN (bas à Derville.)

Laisse la dire. (Haut.) Ah ! ça, mes amis, finissons cette dispute ; j'ai besoin de me mettre à mon aise et de me reposer....

DERVILLE.

Pardon, mon ami, venez....

HONORINE (à part.)

J'étouffe de colère.

DUCHEMIN (bas à Derville.)

Elle souffre, tant mieux.

Air : *Cher Ali, je t'ouvre mon ame.*

Ah ! je souffre cent fois plus qu'elle
De la douleur que je lui vois ;

COMEDIE.   23

ENSEMBLE
> Je sens mon courroux qui chancelle,
> Ce ton-là n'est pas fait pour moi. (*bis.*)
>   ZAGO (*à part.*)
> Pauvres époux ! li souffrir plus qu'elle ;
> Chagrin à li fait peine à moi.   (*bis.*)

ENSEMBLE
>   DUCHEMIN (*bas à Derville.*)
> Sois sévère ; fait lui la loi.
>   MATHURIN (*à part.*)
> Faut que l'homme fasse la loi.

HONORINE (*à part.*)
A son cœur une autre est plus chère !
L'eût-on jamais pu concevoir !

ENSEMBLE
> Et l'ingrate qu'il me préfère,
> Ici même il faudra la voir. (*bis.*)
>   LOUISE (*à part.*)
> Hélas ! elle se désespère ;
> Ah ! sa douleur fait peine à voir.   (*bis*)

ENSEMBLE
>   DUCHEMIN. (*bas à Honorine.*)
> Soumets-toi, c'est là ton devoir.
>   MATHURIN. (*à part.*)
> Sa douleur fait plaisir à voir.

HONORINE. (*à Louise.*)
Vous osez à votre maîtresse
Ravir le cœur de son époux !
  LOUISE.
Moi !
  HONORINE.   } bis
Vous.

DERVILLE. (*à Honorine.*)
Que vous importe ma tendresse ?
Vous feignez un soupçon jaloux
Pour excuser votre courroux.
  HONORINE.
Moi !
  DERVILLE.   } bis.
Vous.

DUCHEMIN. (*bas à Derville.*)
Allons point de foiblesse,
Et l'affaire ira bien.
       (*bas à Honorine.*)
La résistance blesse,
Et ne conduit à rien.

HONORINE,

HONORINE.
Mais enfin, la traîtresse
M'enlève devant vous
Le cœur de mon époux.

DUCHEMIN.
Que la dispute cesse;
Sans humeur, sans courroux,
Tous deux entendez-vous

DERVILLE.
Vouloir avec adresse
Par un soupçon jaloux,
Excuser son courroux!

DUCHEMIN.
Point de foiblesse; allons, courage,
Vas, tu peux sans dangers
La tourmenter et l'affliger
Pour mieux la corriger.

DERVILLE.
J'ai grand besoin *(bis.)* qu'on m'encourage;
Ah! c'est trop l'affliger; *(bis.)*
Elle croit que mon cœur l'outrage;
Que je suis léger et volage:
Ah! c'est trop l'affliger.

ENSEMBLE

LOUISE.
Juste ciel! quel langage!
Moi rendre son époux volage!
Troubler la paix de son ménage!
Ah! c'est trop l'affliger.
Moi rendre son époux volage! *(bis.)*
Ah! c'est trop l'affliger,

HONORINE.
Sachant souffrir *(bis)* avec courage;
Mais pour mieux me venger;
Bientôt de celle qui m'outrage,
D'un mari léger et volage,
Je saurai me venger.

ZAGO. *(à Louise)*
Va, moi sais bien toi bonne et sage;
Va faut pas l'affliger....
Laisse passer moment d'orage,
De la fureur c'est l'outrage;
Va, faut pas t'affliger.

MATHURIN. *(à part)*
Morguenne! on voit sur son visage
Qu'ça la fait enrager;
J'en suis ben aise, gna pas d'danger;
Il faut la corriger.

ACTE II.

Le théâtre représente un salon.

SCÈNE PREMIÈRE.
LOUISE (seule.)

Honorine est enfermée chez elle, et il n'y a pas moyen de lui parler... Avec quelle rigueur elle m'a traitée!.... Je souffrois patiemment ses vivacités ; mais ses soupçons... Heureusement, je ne les mérite pas.

Air : *De M. Jadin.*

O vous qui me persécutez,
Et que toujours j'aime et j'honore,
Par des soupçons peu mérités,
Faut-il donc m'outrager encore !
Femme injuste, je saurai bien,
Sans murmurer, braver les vôtres.
Pour qui ne se reproche rien
Que sont les reproches des autres !

SCÈNE II.
LOUISE, ZAGO.

ZAGO.

Air : *Grande, grande réjouissance.*

Ma Louise! allons, plus tristesse;
  Noce chez nous venir :
Aujourd'hui c'est grand allégresse,
  Et nous bien divertir.
Ah! quel plaisir! quel plaisir! quel plaisir!
  Zago danser calenda.
Chacun danser au gré de son desir.
(*Ils dansent autour de Louise à la manière des Nègres.*)
  Tra, la, la, la, la, la, la,

LOUISE.

Il extravague.

ZAGO.

Non, moi pas extravaguer. C'est Blaise qui ce matin marié li avec Claudine, et moi tantôt faire danser tous avec tambourin et galoubet.... mais toi triste encore.

LOUISE (*soupirant.*)

Ah! cela se passera.

ZAGO.

Air : *De Michel Cervantes.*

Pauvre Louise! bien chagrine,
Toi bien pleurer, beaucoup gémir.

LOUISE.

Des emportemens d'Honorine,
Il est vrai, j'ai fort à souffrir ;
Mais Derville doux et paisible,
Me vange par ses soins touchans,
Ah! quand on trouve un cœur sensible ;
On peut pardonner aux méchans.

ZAGO.

Li toujours bon, elle toujours mauvaise, et malgré tout, toi encore aimer Honorine.

LOUISE.

J'en conviens : mon cœur, sensible à l'injure, l'est encore plus aux bienfaits ; et puis, elle a de bons momens.

ZAGO.

Oui, si elle pas crier sans sujet, pas gronder sans cesse, pas s'emporter toujours, pas battre toi souvent....

LOUISE.

Les qualités de son cœur font supporter les défauts de son esprit ; elle est sensible, généreuse, obligeante, même pour ceux dont elle ne se soucie pas ; car tu sais qu'elle n'aime pas Mathurin.

ZAGO.

Et li savoit bien aussi.

LOUISE.

Croirois-tu que c'est elle qui a donné les six cents livres qu'il pense tenir de la générosité de Derville.

ZAGO.

Pas possible ?

LOUISE.

Rien n'est plus vrai ; mais elle veut qu'il ignore ce service, parce que, dit-elle, on doit des égards à ceux qu'on a obligés.

COMEDIE.

ZAGO.

Oh! oui, elle toujours vouloit gronder Mathurin; c'est bien : mais avec toi c'est mal.

LOUISE.

Depuis mon enfance, elle s'est montrée ma bienfaitrice, si elle cesse de l'être, si elle m'abandonne, je serai bien malheureuse : mais rien ne pourra effacer de mon cœur la reconnoissance que je lui dois.

ZAGO.

Toi bien penser.... Sentimens à toi touchans, aimables beaucoup. Ah! quand toi prendre mari, li heureux.

LOUISE.

Tu crois!

ZAGO.

Ah! oui!.... Mais toi difficile ; toi voulois mari riche?

LOUISE.

Non.

ZAGO.

Joli?

LOUISE.

Non.

ZAGO.

Gentil, charmant.

LOUISE.

Air : *De M. Aubert (de Nancy.)*

Qu'il se présente un agréable,
Beau comme un ange, fait au tour ;
Qu'il vienne ici parler d'amour,
Papillonner, faire l'aimable ;
Qu'il me dise, d'un air vainqueur :
« Je meurs d'amour, sur mon honneur ;
« Accorde-moi ton petit cœur.
J'en fais serment dès aujourd'hui ;   } bis.
Mon petit cœur n'est pas pour lui.

ZAGO.

Tant mieux.

LOUISE. *Même air.*

Que je trouve un amant sincère,
Timide et simple en ses discours,
Qui de bonne foi soit toujours
Animé du désir de me plaire ;
Qu'il me répète avec candeur :

« Tout mon espoir, tout mon bonheur, »
« C'est de toucher ton jeune cœur. »
J'en fais serment dès aujourd'hui :
Mon jeune cœur sera pour lui. }bis.

ZAGO.

Ah! jolie parlé, jolie voix, jolie bouche.... Ainsi toi voulois mari tendre, sensible, bon cœur.

LOUISE.

Oh! oui, bon cœur avant tout.

ZAGO.

Toujours joyeux?

LOUISE.

Sans doute : la gaieté annonce un bon naturel.

ZAGO.

Ah! moi bien content... mais, non, moi bien fâché!

LOUISE.

Pourquoi donc?

ZAGO.

Moi trop noir.

LOUISE.

Je ne m'en apperçois plus guères.

Duo de la Bohémienne.

En toi douceur, franchise,
Aux yeux de ta Louise;
Effacent ta couleur :
Oui, mon cher, ton bon cœur
Adoucit ta couleur.   (*bis.*)

ZAGO.

O dieux! qu'elle allegresse!
Douce et charmante ivresse!
Plus voir à moi couleur!
Eh! quoi! toi si bon cœur,
A toi, moi fais pas peur!   (*bis.*)

LOUISE.

Oui, oui, de bonne foi,
Zago, je te vois sans effroi.

ZAGO.

Ah! quel plaisir pour moi,
   Tu vois moi
   Sans effroi.
Chouchou, fixe-moi.
   Fixe-moi.

COMEDIE.

LOUISE.
Vh comme il est heureux !

ZAGO.

ENSEMBLE
{
Toi lire dans mes yeux,
Moi bien heureux.

LOUISE.
Je le vois dans ses yeux,
Il est heureux.
}

ZAGO.
Ah ! ma chère.....

LOUISE.
Sois sincère.

ZAGO.
Heim ?

LOUISE.
Quoi ?

ENSEMBLE.
Sans que l'on dise rien,
Comme l'on s'entend bien.

SCENE III.
LES MÊMES, DERVILLE.

DERVILLE.
Ah ! ah ! tous deux ici.

ZAGO.
Oui, maître, nous causer tous deux.

LOUISE (*un peu honteuse.*)
C'est que je lui disois....

DERVILLE.
Pourquoi cet air d'embarras ? la nature, en vous créant l'un et l'autre de couleur différente, vous a donné un caractère également doux, un cœur également bon, vous devez vous plaire ensemble.

ZAGO.
Oui, moi grand plaisir avec bonne petite Louise... Elle toujours un peu triste à cause de tantôt.

DERVILLE (*à Louise.*)
Tranquillisez-vous, ma chère enfant, les soupçons de ma

femme ne peuvent durer long-temps; d'ailleurs l'estime et l'amitié de tous ceux qui vous connoissent doivent vous consoler.

LOUISE.

Il est vrai; mais je ne voudrois pas être la cause du chagrin d'Honorine : je desirois lui offrir mes services, et je n'ai pu lui parler.

DERVILLE.

Ne cherchez point à la voir; vous me désobligeriez, et cela nuiroit à mes projets; croyez que j'ai de fortes raisons pour en agir ainsi.

ZAGO.

Dame! li maître.

DERVILLE.

Laissez-moi, mes amis, j'ai besoin d'être seul.

ZAGO.

Oui, oui, toi rester tranquille. Viens, Louise.

LOUISE (*à part, en s'en allant.*)

J'aurai bien de la peine à lui obéir.

SCENE IV.

DERVILLE *seul*.

Il faut donc me déterminer à user de sévérité, mais ce moyen si pénible, si peu fait pour moi, réussira-t-il?

Air : *Ciel l'univers*, etc.

Qu'il est affreux d'avoir avec sa femme.
Soir et matin des démêlés nouveaux!
   Jamais de calme dans l'ame,
   Pas un instant de repos,
Et ne prévoir aucun terme à ses maux!
   Faut-il donc qu'un époux
     Sans cesse crie
     Et contrarie
Avec un cœur, un cœur sensible et doux!

Air. : *A douce et gentille fillette.*

Epouse tendrement chérie :
   Ah! que ne peut-tu voir
   Quel est tout ton pouvoir?

COMEDIE.

Esprit, talens à qui s'allie
Figure aimable et jolie....
    Pour être accomplie,
    Tu n'as qu'a vouloir. } (*Bis.*)

SCÈNE V.
DERVILLE, HONORINE.

DERVILLE (*à part.*)

La voici..... Tâchons de soutenir mon nouveau caractère.

HONORINE.

Eh bien ! Monsieur, vous êtes enchanté, vous vous applaudissez de la scène de ce matin.

DERVILLE.

Je m'applaudis de ce que je trouve juste et raisonnable.

HONORINE.

Raisonnable, de me tourmenter, de m'humilier !

DERVILLE.

Puisque vous m'y contraignez.

HONORINE.

Quoi ! lorsque vous autorisez mes gens...

DERVILLE.

Mes gens... (*Il lève les épaules.*) Mais ils ne sont pas les seuls qui aient à se plaindre de vous, et par-tout où vous êtes, il faut qu'on fasse tout pour vous, qui ne faites rien pour personne.

HONORINE.

J'ai grand tort, en vérité.

    Air de *M. Aubert de Nancy.*

Je ne vois que des gens grossiers,
D'insupportables personnages ;
Les uns lestes et familiers,
Les autres bourrus et sauvages ;
Pour leurs beaux yeux, en bonne foi,
Je ne crois pas devoir rien faire :
Mais ce n'est pas ma faute à moi
Si personne ne sait me plaire.

DERVILLE.

Pardonnez-moi, c'est votre faute.

Même air.

Il faut dans la société
Apporter la complaisance;
Jamais trop de sévérité,
Et toujours beaucoup d'indulgence.
Malheur à cet esprit mal fait
Qui sans cesse critique et gronde:
Quand tout le monde nous déplaît,
Nous déplaisons à tout le monde. (*bis*)

HONORINE.

Oui, je sais qu'à vos yeux je suis une femme déplaisante, insupportable, odieuse...

DERVILLE.

Odieuse! non; mais....

HONORINE.

J'ai donc bien des défauts?

DERVILLE (*avec douceur.*)

Oui, cruelle femme, et il ne tiendroit qu'à toi de n'en point avoir.

Air: *De Chapelle.*

En naissant tu reçus des cieux
Tout ce qu'il faut pour être aimable.
Veux-tu plaire aux cœurs comme aux yeux;
Deviens plus douce, et plus affable:
Ton carctère, je le crois,
Fut altéré par la culture:
Ce n'est pas la première fois
Que l'art a gâté la nature. } (*Bis.*)

HONORINE.

Ce n'est pas ainsi que je parus à tes yeux, quand, unissant ta destinée à la mienne, tu te crus au comble du bonheur.

DERVILLE.

Je jugeai de la bonté de ton ame par la douceur de ta figure.

Air: *d'Haydn.*

En formant des nœuds pleins d'attraits,
J'étois bien loin de prévoir tes regrets.

DERVILLE.

En formant des nœuds pleins d'attraits,
Je crus trouver et le calme et la paix.

COMEDIE.

HONORINE.
De me plaire
Alors tu t'occupois.

DERVILLE.
Croyant plaire,
Hélas! je me trompois,

ENSEMBLE {
Et le temps a prouvé le contraire.

DERVILLE.
Aujourd'hui c'est bien tout le contraire.
}

Sur ton cœur je ne puis plus compter.

DERVILLE.
Ah! je t'adore,
Et tu n'en peux douter.
Tous les deux,
Si tu veux,
Nous pouvons encore
Être heureux.

HONORINE.
Quoi! tous deux.....

DERVILLE.
Si tu veux,
Nous pouvons encore
Être heureux!

(A part.)
La raison semble lui revenir.

HONORINE. (A part.)
En ce moment, je puis tout obtenir.

DERVILLE.
Tous les deux,
Si tu veux,
Nous pouvons encore
Être heureux.

ENSEMBLE {
HONORINE.
Quoi! tous deux,
Si je veux,
Nous pouvons encore
Être heureux.
}

HONORINE.
Eh bien! s'il est vrai que tu m'aimes, tu ne dois pas vouloir m'affliger.

C

DERVILLE.

Moi, t'affliger!.... Si tu savois tout ce qu'il m'en coûte aujourd'hui... Mais, parle, que desires-tu?

HONORINE.

Une chose dont dépend la tranquillité de ma vie.

DERVILLE.

Et tu doutes de mon empressement à te satisfaire!

HONORINE (*d'un air patelin.*)

Tu ne me refuseras pas?

DERVILLE.

Honorine ne doit rien exiger qui ne soit raisonnable.

HONORINE.

Tu ne me refuseras pas?

DERVILLE.

Expliquez-vous....

HONORINE.

Si mon repos t'est cher, tu ne peux pas hésiter.

DERVILLE.

Mais encore faut-il savoir....

HONORINE.

Mon ami, mon cher Derville, que Louise sorte d'ici.

DERVILLE.

Encore!... Y pensez-vous? la compagne de votre enfance?

HONORINE.

Je ne l'abandonne pas, j'aurai soin d'elle; mais, je ne veux pas qu'elle reste chez moi davantage.

DERVILLE.

Mais songez donc que cette fantaisie....

HONORINE.

Fantaisie si vous voulez; mais enfin j'exige qu'elle s'éloigne.... Vous balancez?....

DERVILLE.

Non, je ne balance pas; votre demande est ridicule, absurde, extravagante, et tout me dit de vous refuser.

HONORINE.

Me refuser!

DERVILLE.

Une fille intéressante, douce, attentive...

HONORINE.

Allons, courage, continuez....

COMÉDIE.

DERVILLE.
Honorine.....

HONORINE.
Il est donc vrai que je suis sacrifiée; mais vous n'êtes pas où vous croyez en être, et bientôt on verra....

SCÈNE VI.
LES MÊMES, DUCHEMIN.

DUCHEMIN.
Eh bien! qu'est-ce donc encore?...... Toujours en querelle?

DERVILLE.
Venez, mon ami, vous arrivez fort à propos pour nous mettre d'accord.

DUCHEMIN.
De quoi s'agit-il?

DERVILLE.
Il faut que vous sachiez.....

HONORINE.
En deux mots, voici le fait. Je propose d'avoir soin de Louise, de pourvoir abondamment à tout ce qui lui sera nécessaire, ailleurs que chez moi, et Monsieur veut absolument qu'elle y reste.

DUCHEMIN.
Ah! ah! (*bas à Derville.*) Soutiens cette résolution.

HONORINE.
J'ai mes raisons pour la renvoyer, et vous sentez bien qu'il a les siennes pour vouloir la garder.

DERVILLE. (*à Honorine.*)
Vous ne m'entendez pas.

HONORINE.
Je vous entends, de reste; me prenez-vous pour une imbécille? Me croyez-vous privée de la faculté de voir et de sentir?

DERVILLE.
Expliquons-nous.

HONORINE.
Tout est expliqué, et je n'ai plus le moindre doute. Voilà donc la récompense de ma tendresse et de ma fidélité!

DERVILLE.

Mais, écoutez-moi.

HONORINE.

Eh! que me diriez-vous? croiriez-vous m'en imposer par ce calme apparent? Il m'irrite encore plus que votre fausseté; mais j'exposerai votre conduite à tous les yeux, on saura comment je suis traitée; je n'épargnerai rien pour me venger du plus perfide et du plus traître de tous les hommes.

DERVILLE.

Allons, je quitte la partie; car c'est en vain qu'on veut faire entendre raison à une femme qui n'en a point et qui n'en aura jamais.

HONORINE (*stupéfaite.*)

O ciel!...

DUCHEMIN (*bas à Derville qui s'en va.*)

Bien, laisse-nous à présent.

(*Derville sort.*)

SCÈNE VII.
DUCHEMIN, HONORINE.

HONORINE (*très en colère.*)

Est-ce bien lui qui parle?... est-ce à moi qu'il s'adresse?... Je suis une femme sans raison! je n'en aurai jamais!...

DUCHEMIN.

Il seroit bien fâcheux qu'il dit vrai.

HONORINE.

Je ne le reconnois plus.... Il faut que cette petite fille lui ait tourné la tête.

DUCHEMIN.

Bon! comment peux-tu croire....

HONORINE.

L'infidèle!.... il ne se doute pas du chagrin qu'il me cause, ou plutôt il s'en applaudit.

DUCHEMIN.

Allons, allons, ma nièce, calme-toi, et causons de bonne amitié.

HONORINE.

Ah! vous allez le défendre!

COMEDIE.

DUCHEMIN.

Mais si tu aimes ton mari, comme je le crois, pourquoi veux-tu, par ton humeur et tes caprices, lui rendre sa maison insupportable ?

HONORINE.

Insupportable !... En vérité, mon oncle, vos expressions sont d'une dureté....

DUCHEMIN.

Enfin, il n'est pas heureux et l'on t'accuse d'en être la cause.

HONORINE.

On m'accuse....

DUCHEMIN.

Oui ; et entre nous, si la femme dont le mari se plaint beaucoup, n'a pas toujours tous les torts qu'on lui croit, au moins est-il rare qu'elle soit tout-à-fait exempte de reproches.

HONORINE.

Derville aujourd'hui se plaint de moi, cela doit être.

Air : *Vaudeville des Petits Montagnards.*

Aux yeux d'un époux qui s'engage,
En nous tout est perfection ;
Mais bientôt s'il devient volage,
Adieu la douce illusion :
Oui, par une nouvelle flamme,
Contre nous son cœur est aigri,
Et le premier tort de la femme
Est l'inconstance du mari.   (*Bis.*)

DUCHEMIN.

Si Derville étoit inconstant, ce que je ne saurois croire, il faudroit trouver un moyen de le ramener ; et avec un peu d'adresse, une femme jeune et jolie fait toujours tout ce qu'elle veut de son mari.

HONORINE.

Oui, j'ai beaucoup d'empire sur le mien !

DUCHEMIN.

C'est que tu t'y prends mal. Tiens, ma chère amie.

Air : *A tout âge on est sensible.*

La rigueur, le ton sévère,
En gouvernant, ne réussissent guère ;
Il faut une mère légère
Pour savoir
Conserver le pouvoir.

D'une femme l'humeur diablesse,
Sans succès nous irrite et nous blesse,
Sa rudesse
Ne lui laisse
Que le chagrin
De nous vexer en vain.

HONORINE.

Vexer!...

DUCHEMIN.

La rigueur, etc.
Nous résistons à l'arrogance,
Nous cédons à la bonne humeur;
Complaisance,
Prévoyance,
Aisément captivent le cœur.
Ah! la plus pure jouissance
Est de régner par la douceur.

HONORINE.

Mais, il me semble....

DUCHEMIN.

La rigueur, etc.

HONORINE.

A vous entendre, mon oncle, on diroit que je suis la femme du monde la plus difficile à vivre.

DUCHEMIN.

Ma foi, s'il en faut croire ceux qui te connoissent bien....

HONORINE.

On voit que vous êtes prévenu contre moi par mon époux, mais d'autres me rendent plus de justice : dans la société j'ai quelquefois eu des succès, et l'on m'a trouvée aussi aimable que beaucoup d'autres, quand j'ai voulu me donner la peine de l'être.

DUCHEMIN.

Il n'y a pas là de quoi se vanter : quelle est la femme qui ne trouve pas, de temps en temps, le moyen de plaire pendant quelques heures?

HONORINE (*d'un air piqué.*)

Pendant quelques heures!

DUCHEMIN.

Air : *Vaudeville des Visitandines.*

Dans le monde faire l'aimable,
par ses regards, par ses discours;

Être en tout point femme agréable,
C'est-là ce qu'on voit tous les jours. *(bis.)*
Mais avoir le desir de plaire,
Dans sa maison à son époux;
Être toujours bonne et p... à tous;
C'est là ce qu'on ne voit guère..... *(bis.)*

(Pendant ce couplet, Honorine impatientée s'est mise à son piano.)

HONORINE *(à part.)*

Que les sermoneurs sont ennuyeux.

(Elle prélude avec force et comme une femme qui étouffe d'humeur.)

DUCHEMIN *(à part.)*

Sa leçon lui déplaît; mais elle ne sera pas perdue. *(Il va se placer derrière elle et l'écoute quelques instans.)* Bravo! Comment! mais tu as fait des progrès depuis que je ne t'ai entendue. *(Elle joue très-fort.)* Tu as de la main, de l'à-plomb.... Tu touches un peu fort; mais il y a du goût, et ce seroit dommage de ne pas cultiver ce talent-là.

HONORINE.

Oui! et vous arrivez de Paris sans m'apporter un seul air nouveau, mon cher oncle?

DUCHEMIN.

Au contraire, ma chère nièce, je vous apporte des livres et de la musique.

HONORINE.

Il est heureux que vous ayez songé à moi.

DUCHEMIN *(tirant de sa poche un rouleau de musique.)*

Tiens, j'ai précisément là un petit air que je me suis amusé à fredonner en route, et qui m'a semblé assez drôle.... Veux-tu l'essayer?...

HONORINE *(prenant le papier.)*

Voyons... *(Fredonnant.)* La, la, la, la... Il paroit chantant, et le motif en est agréable.

DUCHEMIN.

Oh! le motif est excellent.

HONORINE *chante en s'accompagnant.*

Air *nouveau de Solié.*

Nice avoit graces, gentillesse,
Esprit, talens, beauté, richesse;

Cent rivaux briguèrent sa main :
Dorval obtint la préférence ;
Il crut son bonheur bien certain,
Et vit tromper son espérance :
Nice, par sa mauvaise humeur,
De son époux.... fit le malheur.

(*A la fin de ce couplet, sa voix s'affaiblit, et Duchemin reprend avec force.*)

DUCHEMIN.

De son époux fit le malheur.

HONORINE (*avec beaucoup de dépit.*)

Cet air-là n'a pas le sens commun.

DUCHEMIN.

Je t'assure qu'il n'est pas mal, et si tu l'entendois plusieurs fois....

HONORINE (*se levant.*)

Ah ! j'en ai bien assez.

DUCHEMIN (*la faisant rasseoir.*)

Non, non ; écoute le second couplet.... Accompagne-moi.

(*Honorine accompagne. Il doit y avoir une différence dans son jeu, qui doit marquer progressivement toute l'impatience qu'elle éprouve.*)

Même air.

Aglaé, blonde assez commune,
Étoit sans attraits, sans fortune ;
Les amans ne l'obsédoient pas ;
Un seul jeta les yeux sur elle ;
Un seul lui trouva des appas ;
Il l'épousa, lui fut fidèle :
Aglaé par sa douce humeur,
De son époux.... fit le bonheur

DUCHEMIN (*appuyant.*)

De son époux fit le bonheur.

HONORINE (*se levant avec colère.*)

Que cela est plat.

DUCHEMIN.

Tu es bien difficile aujourd'hui ! Quant à moi, je trouve cette musique....

HONORINE.

Elle est détestable, et les paroles ne valent pas mieux.

COMEDIE.

DUCHEMIN.

Allons, allons, tu as de l'humeur....

HONORINE.

De l'humeur !

DUCHEMIN.

Je te laisse, et vais t'envoyer tes livres, cela te dissipera.

(*Il sort.*)

SCÈNE VIII.

HONORINE (*seule.*)

De l'humeur ! de l'humeur !... parce qu'on a plus de jugement, plus de pénétration, plus de bons sens qu'eux, on a de l'humeur ! Ils n'ont que ce mot : c'est insupportable.

Air : (*Pauvre petit, il est transi.*)

Mes gens, mon oncle et mon époux
Contre moi se sont ligués tous.
 O destinée affreuse !
 Je suis bien malheureuse,
C'est à qui me contrariera :
C'est à qui me tourmentera :
Oh ! oui, je suis bien malheureuse.
Derville me montre aujourd'hui
Beaucoup d'humeur, beaucoup d'ennui ;
Un autre objet sait le distraire,
A cet objet il cherche à plaire,
Et pour détruire le soupçon
Que j'en conçois avec raison,
 Il dit que son épouse
 Est injuste et jalouse.
Mes gens, mon oncle, etc.

SCÈNE IX.

HONORINE, ZAGO.

ZAGO (*chargé d'une caisse qu'il porte sur ses épaules.*)

Maitresse, voici livres et musique pour toi, oncle a dit d'apporter.

HONORINE.
C'est bon.

ZAGO.
Où faut-il placer?

HONORINE.
Où tu voudras.

ZAGO.
Dans bibliothèque à toi?

HONORINE.
Oui.

ZAGO (*voyant que la porte en est fermée.*)
Moi pas pouvois entrer sans clef; veux-tu donner?... veux-tu donner?...

HONORINE (*cherchant la clef.*)
Ah! qu'il m'impatiente.... Tiens.

ZAGO (*prenant la clef.*)
Moi défaire caisse, mettre tout sur table là-dedans, et toi ranger après : pas vrai?... pas vrai?...

HONORINE.
Eh! laisse-moi en repos.

ZAGO.
Toi encore un peu d'humeur... Tant pis.
(*Il entre dans la bibliothèque.*)

HONORINE.
Allons, celui-là dira aussi que j'ai de l'humeur.

SCÈNE X.

HONORINE, MATHURIN, LOUISE, BLAISE, CLAUDINE Mariés, GARÇONS ET FILLES DE LA NOCE.

MATHURIN (*conduisant les mariés.*)
Eu! v'nez hardiment; quand j'vous dit qu'monsieur Derville, ne d'mandera pas mieux.

HONORINE (*à Mathurin.*)
Qu'est-ce que c'est donc que tout ce monde?

MATHURIN (*cherchant des yeux.*)
Ah! ah!.... On lisoit qu'il étoit ici.

COMEDIE.

HONORINE.

Que veulent ces gens-là ?

MATHURIN (*avec humeur.*)

Ces gens-là !... ils ne veulent rien. (*A ceux qu'il amène.*) Allons-nous-en, c'n'est pas-là qu'il faut s'adresser.

HONORINE (*aux mariés.*)

Que demandez-vous ?

BLAISE.

Madame...

MATHURIN (*à Blaise.*)

J'te dis qu'c'est temps perdu.

HONORINE (*aux mariés.*)

Parlerez-vous ?

CLAUDINE.

C'est pour....

MATHURIN (*à Claudine.*)

Alle est de mauvaise humeur..... gna rien à gagner.

HONORINE (*lui donnant un soufflet.*)

Insolent !

LOUISE (*bas à Mathurin.*)

Tu as pourtant gagné ça.

MATHURIN (*en colère.*)

Un soufflet ! morgué ! jarnigué ! tatigué ! c'est une....

HONORINE.

Paix. (*A Claudine.*) Je veux savoir enfin le sujet qui vous amène ?

CLAUDINE (*bas à Blaise.*)

Parle donc, toi qui es le marié.

BLAISE.

Pardine, n'est tu pas la mariée ?

CLAUDINE (*hésitant avec crainte.*)

Air : *Vaudeville de l'Epreuve villageoise.*

C'est que.... n'vous déplaise.

BLAISE. (*à Claudine.*)

N' fais donc pas la niaise.

CLAUDINE.

J'sommes Claudeine.....

BLAISE

Et Blaise.

ENSEMBLE.

Mariés de c'matin.

CLAUDINE.
J'voudrions ben, un p'tit brin....
BLAISE.
Danser tantôt dans vot' jardin.
CLAUDINE.
Si ça s'peut, j'en s'rons ben aise.
ENSEMBLE.
Si ça s'peut, j'en s'rons ben aise.
HONORINE.
Ah! c'est pour danser....
CLAUDINE.
Oui, madame, et v'là Louise qui nous a dit....
HONORINE.
C'est Mademoiselle qui a tout arrangé!
LOUISE.
Je n'ai rien arrangé; je leur ai dit de s'adresser à vous.
MATHURIN.
Et moi, j'leur ai conseillé d'parler au maître d'la maison.
HONORINE.
Oui! Eh bien, moi, qu'i suis la maîtresse de la maison, je ne veux point de bal.

MATHURIN *(aux gens de la noce.)*
Là, qu'est-ce que j'vous ai dit? Faut pas qu'ça vous rebute. M. Derville s'ra plus traitable, il est bon et obligeant, M. Derville : mais tout le monde ne lui ressemble pas.
HONORINE.
Garde tes impertinentes réflexions.
MATHURIN.
C'est dit.
BLAISE.
Même air.
Eh bien, jarniguenne!
Viens-nous-en Claudeine.
(A Honorine.)
D'abord qu'ça vous gêne ;
D'ici j'vons sortir ;
J'aimons à nous divertir ;
Mais je n'voulons pas d'un plaisir,
Dès qu'aux autres il fait d'la peine.
TOUTE LA NOCE.
J'aimons à nous divertir, etc.

SCENE XI.

Les mêmes, DERVILLE, DUCHEMIN.

DERVILLE.

Ah! ah! il y a grand monde ici.

DUCHEMIN.

Et de la gaieté, à ce qu'il me semble.

MATHURIN.

Oui, de la gaieté... (*Entre les dents.*) Et des soufflets.

DERVILLE.

Eh! c'est la noce.

MATHURIN.

V'là Blaise l'marié, Claudeine son épousée, et toute la jeunesse du pays.

DUCHEMIN.

La mariée est fort bien.

BLAISE.

Excusez si j'avons pris la liberté....

HONORINE.

C'est bon, c'est bon, retirez-vous.

DERVILLE.

Pourquoi donc?

Air : *Des Bonnes Gens.*

Leur gaîté vive et pure,
Charme les yeux et le cœur ;
Sans art, sans imposture,
C'est l'aspect du vrai bonheur.

HONORINE (*haussant les épaules.*)

La jolie société!

DERVILLE (*bas à Honorine.*)

Malgré cet air d'ironie
Et ces dédains outrageans,
Votre bonne compagnie
Ne vaut pas ces bonnes gens.

HONORINE.

Voilà les belles maximes du jour.

HONORINE,

DERVILLE (*aux deux époux.*)

Vous êtes bien contens l'un et l'autre.

BLAISE.

Oh! ça oui, monsieur Derville, j'sommes dans un ravissement, qu'j'avons-là comme une joie qu'est un plaisir qui.... Mais vous savez c'qui en est, et j'suis sûr qu'au vis-à-vis de madame vot' épouse...

DERVILLE (*à part.*)

Hélas! (*Il reste pensif.*)

LOUISE (*bas à Blaise.*)

Tais-toi, Blaise, tu l'affliges.

BLAISE.

Bah!

HONORINE (*bas à Duchemin.*)

Mais, mon oncle, faites-donc renvoyer ces gens-là.

DUCHEMIN.

En vérité, on n'est pas plus jolie que Claudine.

CLAUDINE.

Vous êtes ben honnête, monsieur.

BLAISE.

Pas vrai qu'alle est drolette?

DUCHEMIN.

Elle est charmante.

BLAISE.

Eh ben! voyez-vous, alle est encore plus bonne et plus douce qu'all' n'est belle.

DERVILLE (*sortant de sa rêverie.*)

Ah! Blaise, que tu es heureux!

(*Avec expression, les prenant par la main.*)

Mes amis!

Air : *De Roland.*

En formant ce mariage,
Tous les deux aimez-vous bien,
Et songez qu'un bon ménage
Est le plus précieux bien.

BLAISE.

Ah! le n'ôt' sera prospère;
De Claudein' Blaise est chéri.

CLAUDINE.

Et mon p'tit Blaise, j'espère,
Pour Claudein' sera bon mari.

COMEDIE.

DERVILLE (*à Blaise*)
Toujours fidèle à ton épouse,
En tous les tems qu'elle lise en ton cœur;
(*A Claudine*)
Jamais grondeuse ni jalouse,
Sois avec lui toujours de bonne humeur,
Toujours de bonne humeur.

BLAISE et CLAUDINE.
En formant ce mariage,
Tous les deux j'nous aim'rons ben;
Je savons qu'un bon ménage
Est le plus précieux bien.

DERVILLE, DUCHEMIN, LOUISE,
MATHURIN.

ENSEMBLE
En formant ce mariage :
Tous les deux aimez-vous bien :
Et songez qu'un bon ménage
Est le plus précieux bien.

HONORINE. (*a part.*)
Trop souvent en mariage,
Le bonheur ne tient à rien ;
On trouve un dur esclavage
Au lieu d'un tendre lien.

HONORINE (*à part et s'asseyant.*)
Ils ne s'en iront pas.

DUCHEMIN.
Ah! ça, mais quand on se marie, on danse; est-ce que nous n'aurons pas le petit bal champêtre ?

HONORINE (*sautant sur sa chaise.*)
Allons, il faut aussi que mon oncle s'en mêle.

BLAISE.
Oh! pour la danse, je ne demanderions pas mieux.

MATHURIN.
C'qui fait qu'ils étions v'nus pour avoir la permission de danser ici, dans l'jardin.

DERVILLE.
Très-volontiers.

MATHURIN (*avec affectation.*)
Oui : mais ça n'convient pas à Madame.

DERVILLE (*regardant Honorine.*)
Je suis persuadé qu'elle ne s'y opposera pas, et qu'elle sera

fort aise d'obliger ses voisins. (*Bas à Honorine.*) On ne peut pas refuser cela.

HONORINE.

Moi, très-positivement, je le refuse

DUCHEMIN (*bas à Derville.*)

Ne vas pas lui céder.

DERVILLE (*bas à Honorine.*)

Honorine, vous n'y songez pas.

HONORINE.

Je ne veux point de bal chez moi.

MATHURIN.

C'est c'que Madame m'a fait l'honneur de m'dire en m'gratifiant d'un soufflet... que j'ai encore.

DERVILLE (*bas à Honorine.*)

Vous voulez donc vous faire détester de tout le monde?

HONORINE (*avec humeur.*)

Eh! que m'importe!

DERVILLE (*impatienté.*)

Ah! ç'en est trop à la fin. (*Aux paysans.*) Mes amis, je vous prie d'établir votre danse dans mon jardin, et vous me ferez le plus grand plaisir.

HONORINE (*à part.*)

Le traître!

BLAISE.

Oh! grand merci; ça déplaît à Madame.

DERVILLE.

Madame n'est pas obligé de s'y trouver : quant à moi, je m'y invite et je me charge des rafraîchissemens.

BLAISE.

Monsieur.... C'est trop juste.

DERVILLE.

Et après le bal nous souperons tous ensemble chez moi.

BLAISE.

Ah! j'dis.... C'est trop fort.

HONORINE (*à Derville.*)

Souper avec ces gens-là!

DUCHEMIN (*bas à Derville.*)

Bon. (*A Honorine.*) Mais tu aimois la danse autrefois.

HONORINE.

Vous voyez comme il contredit mes volontés.

COMEDIE.

DUCHEMIN (*bas à Honorine.*)

Que veux-tu? quand on a des volontés qui s'opposent toujours aux plaisirs des autres, on doit s'attendre à de fréquentes contrariétés. (*haut.*) Ah! ça moi, je me prie aussi à la fête, et je veux y danser avec la mariée.

BLAISE.

C'est ben d'l'honneur pour nous; seul'ment j'vous prions de n'pas trop fatiguer Claudeine.

DUCHEMIN.

Sois tranquille, je sais les ménagemens qu'on doit à une mariée.

BLAISE.

J'n'avons pas d'violons et j'sommes trop loin d'Paris pour en fair'venir; mais not'ami Zago a son tambourin et son p'tit.... turlu tu tu.... C'est tout c'qui nous faut.

LOUISE.

Vous pouvez compter sur lui.

HONORINE (*à part.*)

Oui! notre ami Zago... il est encore là... C'est bon.
(*Elle va, sans faire semblant de rien, fermer la porte de la bibliothèque.*)

MATHURIN (*aux gens de la noce.*)

D'après c'que Monsieur vous a dit, c'est une affaire arrangée.

HONORINE (*à part, ayant ôté la clef.*)

Parfaitement arrangée.

MATHURIN

A tantôt.

DERVILLE.

Oui, mes amis, à tantôt.

Air: *Dans cet asyle il restera.*

Sous le feuillage
On se rendra.
La gaité franche y régnera,
Puis à la fraicheur de l'ombrage,
Jusqu'au soir on dansera.

HONORINE. (*à part et à demi-voix*)

Dans cette chambre il restera,
Personne là ne le verra;
Je tien le tambourin en cage;
On dansera
Comme on pourra.

D

HONORINE,

DERVILLE, DUCHEMIN, LOUISE.

ENSEMBLE
Dans le jardin,
Au doux son du tambourin,
Jusqu'à demain,
Vous pourrez vous mettre en train.

BLAISE, MATHURIN, CLAUDINE,
Toute la noce.

Ah ! dans l'jardin,
Au doux son du tambourin,
Jusqu'à demain,
Comm' j'allons nous mettre en train.

HONORINE. (*à part*)

ENSEMBLE
Vous n'aurez pour vous mettre en train
Ni galoubet ni, ni tambourin.

TOUS.

Nous danserons jusqu'à demain.

BLAISE, MATHURIN, CLAUDINE,
et tous les gens de la noce.

Ah! dans l'jardin,
Quand un' fois je s'rons en train,
Jusqu'à demain,
J' frons rouler le tambourin

DERVILLE, DUCHEMIN, LOUISE.

ENSEMBLE
Dans le jardin,
Zago va vous mettre en train,
Jusqu'à demain
Il jouera du tambourin.

HONORINE. (*à part.*)

Dans le jardin
Vous irez, mais c'est en vain;
Moi (j'ai la clef *bis.*) du tambourin.

(*A la fin du morceau, tout le monde se retire par la porte du fond, excepté Honorine qui sort par le côté opposé à celui ou est enfermé Zago.*)

ZAGO (*qui a frappé en dedans.*)
Ouvrez-moi donc.   (*bis.*)
(*Il continue à frapper.*)
Ouvrez-moi donc ;
Pourquoi moi mettre en prison ? } *bis*

Fin du second Acte.

ACTE III.

Le théâtre représente le jardin dont l'entrée est fermée par une grille qui traverse la scène, et qui s'ouvre au milieu. Sur la gauche du spectateur, et en-deçà de la grille, est un pavillon saillant qui est censé être l'extrémité de la maison; ce pavillon s'ouvre de plain-pied à la scène.

SCÈNE PREMIÈRE.

DERVILLE (*seul, se promenant à grands pas, et comme un homme agité.*)

Il n'y a plus moyen d'y résister... Quelle femme!... Quelle impétuosité!... Quelle violence!... Sans égards, sans respect pour un oncle qu'elle n'a pas vu depuis six mois, le contredire en tout, s'emporter contre lui de la manière la plus outrageante sur un mot indifférent, se lever de table avec fureur, au milieu du dîner, renverser sa chaise, briser des porcelaines; un fracas épouvantable!... Et l'on croit que je parviendrai à changer un pareil caractère!... Impossible. D'ailleurs elle ne m'aime point, elle ne m'a jamais aimé.... Cet état est insupportable.

Air : *Ce n'est que pour Madelon.*

Ah ! quel funeste destin !
Je n'y tiens plus, non, sur mon ame.
Etre sans fin
Esclave ou tyran de sa femme !
C'est un tourment, c'est un enfer ;
Je n'ai déjà que trop souffert.   (*bis*)
Que je sois approuvé, blâmé,   (*bis*)
Qu'à son gré chacun en raisonne ;
Je ne veux opprimer personne,
Et ne veux point être opprimé.   (*bis*)

Allons trouver Duchemin, et voyons à prendre un parti.

SCÈNE II.

DERVILLE, LOUISE.

LOUISE.

Monsieur, est-ce que vous avez donné quelques commissions à Zago?

DERVILLE.

Non. Pourquoi?

LOUISE.

Il n'est pas venu dîner, je le cherche par-tout, je ne le trouve nulle part.

DERVILLE.

Il viendra.

LOUISE.

Mais voilà bientôt l'heure du bal.

DERVILLE.

Savez-vous où est l'oncle d'Honorine?

LOUISE.

Il se promène seul auprès de la pièce d'eau.

DERVILLE.

Bon. (*Il s'en va.*)

LOUISE.

Si vous rencontrez Zago, vous l'enverrez?

DERVILLE.

Oui, oui.

(*Il sort par la grille du jardin.*)

SCÈNE III.

LOUISE, ensuite ZAGO.

LOUISE.

Je crois que monsieur Duchemin n'est pas fort satisfait de son voyage. Quel triste dîner sa nièce lui a fait faire!.... Si cela continue, on n'y pourra plus tenir... Mais Zago... Je ne conçois rien à cela.

COMEDIE.

Air : *De l'ouverture du Déserteur. (Andante.)*

Où peut-il être caché ?
En vain je l'ai cherché.

(*Elle appelle.*)

Zago.

(*Elle écoute.*)

ZAGO (*qu'on ne voit pas*)
Ah ! oh !

LOUISE (*apellant.*)
Zago.

(*Elle écoute.*)

ZAGO. (*toujours sans être vu.*)
Ah ! oh !

LOUISE.
Je crois l'entendre, ou c'est l'écho.

ZAGO (*sans paroître.*)
Moi suis ici depuis tantôt.

LOUISE.
Où donc ? Où donc ?

ZAGO. (*paroissant à la fenêtre au-desus du pavillon, après avoir ouvert la persienne.*)
En haut.

LOUISE.
Eh ! bon Dieu ! qu'est-ce que tu fais là ?

ZAGO.
(*Suite de l'air.*)

Honorine bien cruelle,
A rendu moi prisonnier ;
Voudrois sortir de chez elle....
Vas prendre petite échelle,
Là-bas, vers grand maronnier.

(*Louise disparoît pour aller chercher l'échelle.*)

Zago bon enfant, bon diable,
Pourquoi punir li pour rien ;
C'est pas chose raisonable
D'emprisonner citoyen.
A présent, moi l'ame fière ;
Si moi libre comme eux tous,
Veux liberté toute entière,
Et point grilles, point verroux.

(*Louise apporte l'échelle qu'elle pose contre la fenêtre, et Zago se hâte de sortir.*)

Décampons de ma clôture.
LOUISE
Doucement, prends garde à toi.
ZAGO.
Ne crains rien, l'échelle est sûre.
(*Il saute du milieu de l'échelle en bas.*)
J'en suis dehors, et je jure
Plus laisser renfermer moi.
LOUISE.
Mais par quel hasard te trouvois-tu là-haut.
ZAGO.
Moi dire à toi, quand moi dîner... Aussi bien, j'entends madame Honorine, allons nous-en.
(*Il prend l'échelle et se sauve avec Louise, tandis qu'Honorine sort du pavillon, et les voit s'enfuir. La porte ouverte laisse voir le cabinet de toilette d'Honorine.*)

SCÈNE IV.
HONORINE (*seule.*)

FORT bien.... Le prisonnier est échappé, et l'on dansera malgré moi.... Derville et Louise vont triompher : ils auront à cette fête liberté toute entière, rien ne les gênera... Eh bien, puisque je n'ai pu empêcher ce maudit bal, je veux en être aussi : oui je m'y rendrai, j'y danserai, je m'y amuserai... ou je ne m'y amuserai pas.... je veux suivre cet intrigue, m'assurer de leur perfidie... Ils ne s'attendent guères à me trouver-là.... Mais un bal.... Faites comme je suis.... Et personne pour m'habiller. N'importe. (*Elle rentre dans le pavillon, et se place à sa toilette en face du spectateur.*) Commençons par me coëffer. (*Elle prend le peigne et s'arrête.*) Je ne sais comment m'y prendre...

Air : *Rien n'est si plaisant*

Pour m'enseigner des arts inutiles,
On me fit jadis périr d'ennui.
Au lieu de tous ces talens futiles,
Il falloit m'apprendre à me passer d'autrui.
(*Se crêpant les cheveux avec impatience.*)
Se coëffer soi-même est difficile.

COMEDIE.

(*Se piquant les doigts.*)

Que de mal-adresse !... Oh ! l'imbécile !
Quelle peine !
Quelle gêne !
Je doute que j'y parvienne.
Pour m'enseigner, etc.

(*Essayant un chapeaux.*)

Voyons pourtant
En persistant,
Si je pourai,
Si je saurai
M'ajuster pour ce bal,
Ou bien ou mal....
Ce chapeau me déplaît :
Comme il est fait !
Tous ces rubans divers
Sont à l'envers
Et de travers
En vérité c'est une horreur,
Je suis coiffée à faire peur.

Pour m'enseigner, etc.

(*Pendant la dernière reprise, elle se lève avec colère, jette le chapeau qu'elle avoit sur la tête, et sort du pavillon.*)

SCENE V.

HONORINE, LOUISE.

HONORINE (*à Louise qui paroît s'avancer avec crainte.*)

Que voulez-vous ? que demandez-vous ? que cherchez-vous ?

LOUISE.

Madame....

HONORINE.

Quoi ! cette insolente créature aura l'audace de me tourmenter encore...... Je ne jouirai pas d'un moment de tranquillité dans ma maison.... Eh bien !

LOUISE.

Je venois vous proposer de vous habiller.

HONORINE.

M'habiller ! me proposer de m'habiller !... à l'heure qu'il est !...

dans l'état où je suis!... La sotte, l'impertinente.... Vous êtes bien hardie de vouloir encore m'approcher.

LOUISE.
Ne me refusez pas.

HONORINE.
Retirez-vous, n'abusez pas de ma patience, de ma douceur.

LOUISE.
Je vous en prie.

HONORINE.
Air : *Duo de Tom Jones.*

Non, non, va-t-en et laisse-moi ;
Je ne veux point de ton service :
Ta présence fait mon suplice,
    Retire-toi
    Et laisse-moi.
L'hypocrisie et la malice
Ont en ces lieux guidé tes pas :
Pour m'obliger tu n'y viens pas.

LOUISE.
Ah ! rendez-moi plus de justice ;
Vous qui m'aimiez, ma bienfaitrice.

HONORINE. (*tourne autour de Louise d'un air colère et très-animé.*)
Voyez un peu qu'elle élégance
    Qu'elle arrogance !

LOUISE.
De vos bienfaits je suis parée,
Et mon ame en est pénétrée.
Vos bontés font mon seul espoir,
Et vous servir est mon devoir.
De vos bienfaits je suis parée,
Vos bontés font mon seul espoir.

ENSEMBLE

HONORINE.
Ah ! d'orgueil elle est enivrée ;
Comme avec soin elle est parée !
Son projet est facile à voir :
Tu crois donc m'être préférée !
Va, crains tout mon désespoir.

HONORINE.
Tiens, tiens.... tu ne profiteras pas de ta belle toilette.
(*En disant ces mots, Honorine en fureur tapone les cheveux de Louise, lui arrache son chapeau, et se retire en la menaçant.*)

LOUISE.
La cruelle femme !

SCÈNE VI.
LOUISE, ZAGO.

ZAGO (*qui a vu l'emportement d'Honorine, accourant du jardin.*)

Eh! bon dieu! bon dieu! pauvre Louise! pauvre bonne! Honorine encore battre toi!

LOUISE.

Oh! non, cette fois elle n'en vouloit qu'à ma coëffure; c'est une suite de sa ridicule jalousie.

ZAGO.

Comment! elle encore toujours jalouse?

LOUISE.

Elle est bien à plaindre, puisque ce triste sentiment lui fait voir une odieuse rivale dans celle qui lui est le plus tendrement attachée.

ZAGO.

Air: *Lorsque toi sortir de caze* (de Paul et Virginie.)

 Honorine toujours aise
 Quand faire aux autres chagrin;
 Elle aussi par trop mauvaise,
 Et moi plus l'aimer enfin.

LOUISE.

Ah! Zago.
 Malgré ses torts, ses caprices,
 Nous ne la haïrons jamais,
 Nous oublirons ses injustices
 Pour songer à ses bienfaits.

ENSEMBLE.

ZAGO.
 Nous songer à ses bienfaits.

LOUISE.
 Pour songer à ses bienfaits.

ZAGO.

Honorine à présent retirée chez elle.... Attends, attends, moi bientôt raccommoder coëffure à toi.

(*Il ramasse le chapeau de Louise et va cueillir une rose.*)

LOUISE.

C'est pourtant être née bien malheureusement que de mettre tout son plaisir à faire de la peine aux autres.

ZAGO.

Tiens, toi placer là.

(*Il l'a fait asseoir sur son tambourin, et lui remet son chapeau.*)

MÊME AIR.

Sur sa tête que moi pose
Petit chapeau bien joli....
  (*Plaçant la rose dans les cheveux*)
Puis encore bouton de rose
Que moi tout exprès cueilli.....;
Pour parer dame de ville.
Faut beaucoup d'art et grands apprêts;
Mais toilette à toi plus facile
Nature à fait tous les frais.

ENSEMBLE.

LOUISE.

L'amitié fait tous les frais.

ZAGO.

Nature à fait tous les frais.

LOUISE.

Mais, Zago, ce que tu me dis-là, c'est un compliment.

ZAGO.

Oh! non, moi pas savois compliment, parler toujours avec cœur à moi.

LOUISE (*imitant le ton de Zago.*)

Et moi répondre à toi de même.

ZAGO.

Ah! coëffure à toi bien raccommodée, et toi jolie, jolie.... Encore mieux comme auparavant.

LOUISE.

Bien obligé, mon petit Zago.

ZAGO.

A présent nous aller chercher noce.... Tiens, moi apporter tambourin et galoubet oublié.

LOUISE.

L'étourdi! à quoi penses-tu donc?

ZAGO.

A bonne amie à moi, toujours, toujours, toujours.... Mais moi bientôt revenir.

SCENE VII.

Les mêmes, MATHURIN, ensuite HONORINE.

MATHURIN.

Eh ben, mon pauvre Zago, t'as donc été en cage?

ZAGO.

Oh! pas long-temps.

LOUISE (*le regardant aller.*)

Ce pauvre garçon!

MATHURIN.

Ah! mon dieu, mon dieu, queu femme que c'te madame Honorine!....

HONORINE (*entr'ouvrant la porte du pavillon.*)

Ils parlent de moi! (*Elle écoute.*)

MATHURIN.

Mais c'est un lutin, un vrai diable.

LOUISE.

Tu as un grand plaisir a en dire du mal.

MATHURIN.

Autant qu'elle en trouve à nous faire enrager tous.

LOUISE.

En tout cas, ce n'est pas à toi qu'il convient de déclamer si fort contre elle.

MATHURIN.

Faudroit-i'pas faire son éloge?

LOUISE.

Tu le devrois peut-être.

MATHURIN.

Oui!... Ah! morgué! si gua qu'moi qui chante ses louanges....

LOUISE.

Tu ne vois que ses défauts, tu ne connois pas ses qualités.

HONORINE (*à part.*)

Comment! Louise prend ma défense!

MATHURIN.

Je ne connois pas ses qualités! ah! que si que j'les connois.

Air: *Voici les étrennes de Cythéré.*

C'est un mauvais cœur, une ame dure
V'la comme tout chacun doit la juger.

D'puis qu'all est au monde, oh! oui, j'en jure;
All' n'a jamais eu l'desir d'obliger.
HONORINE (à part.)
Comme il me traite!
LOUISE.
Elle fait du bien plus qu'on ne pense,
Et toi-même un jour en conviendras :
Oui, plus d'une fois, sa bienfaisance,
Dans l'obscurité, dans le silence,
A rendu service à des ingrats.
MATHURIN.
Rendu service! elle!... allons donc!....
ENSEMBLE.
C'est un mauvais cœur, etc.
HONORINE. (à part)
Louise, pour qui je fus si dure,
Et que ma fureur vient d'outrager,
Loin de se venger
De cette injure,
Est la première à me protéger.
LOUISE.
Quelle calomnie!
MATHURIN.
Calomnie! ah! c'est tout au plus d'la médisance, et ben douce encore.
LOUISE.
Moi, je connais Honorine mieux que toi, et je le soutiens qu'elle est humaine, libérale...
MATHURIN.
Libérale! oui, (*portant la main à sa joue.*) Ah! je me souviens de tantôt.
LOUISE.
Et si je te disois, méchant, que les six cents livres que je t'ai remis hier sont un don de sa générosité?
MATHURIN.
Badinez-vous?
LOUISE.
Elle n'a cependant pas à se louer de toi.
MATHURIN.
Quoi! ce n'est pas Monsieur Derville....
LOUISE.
Non, c'est Honorine qui t'as tiré d'embarras... et voilà comme tu l'en récompense?

COMEDIE.

MATHURIN.

Comment! c'est c'te méchante femme qui est si bonne!

LOUISE.

Diras-tu encore qu'elle a un mauvais cœur?

MATHURIN.

Oh! non, non, je ne peux plus voir que ses bienfaits.

LOUISE.

Sois sûr qu'il ne manque à Honorine qu'un peu de douceur et d'aménité pour être chérie de tous ceux qui l'entourent.

HONORINE (à part.)

Seroit-il vrai?

MATHURIN.

Ça s'pourroit ben... Ma foi, j'crois que j'l'y pardonne le soufflet de tantôt.... et pourtant il étoit sec.... Mais c'te pauvre chère femme... Que j'suis donc fâché de c'qui va l'y arriver.

LOUISE.

Qu'est-ce que c'est?

HONORINE (à part.)

Que veut-il dire?

SCENE VIII.

LES MÊMES, ZAGO.

ZAGO (revenant avec son galoubet.)

Allons, allons, partons.

LOUISE.

Un moment. (A Mathurin.) Explique-toi.

MATHURIN (d'un air mystérieux.)

I's'trame queuqu'chose contre Honorine.

LOUISE, ZAGO.

Comment?

MATHURIN.

J'passois tout-à-l'heure auprès du p'tit bosquet, au bout du parterre, où c'que M. Derville causoit avec l'oncle de sa femme; j'n'ai pas voulu écouter, parce que ça n'est pas poli : mais je m'suis tapi derrière la charmille, et j'ai tout entendu.

ZAGO.

Sans écouter.

LOUISE.

Après?

MATHURIN.

Monsieur Duchemin parloit comme ça. (*Il imite quelqu'un qui veut persuader.*) Mais, Derville, calme toi ; et l'autre lui répondoit comme ça. (*Il contrefait celui qui ne veut rien entendre.*) Non, mon oncle, c'n'est pas une femme, c'est un diable. — J'en conviens; mais l'ia d'la ressource, — gnen a point. — Faut voir. — Tout est vu. — Un peu de patience. — J'n'en ai plus, je ne saurois vivre avec Honorine, c'est un tourment continuel : all'me f'roit mourir de chagrin ; faut en finir ; et pour ça, gna que l'divorce.

HONORINE (*avec effroi, et ouvrant la porte du pavillon.*)

Le divorce !

MATHURIN.

Elle écoutoit !... (*En s'enfuyant.*) Sauve, sauve...

ZAGO.

Sauve, sauve. (*Il emmène Louise.*)

LOUISE (*en s'en allant.*)

Malheureuse Honorine !

SCÈNE IX.

HONORINE (*seule, restée immobile à la porte du pavillon.*)

JE suis anéantie, confondue de ce que je viens d'entendre.... (*Elle avance sur la scène.*) Le divorce! Derville pourroit songer... L'ingrat !..... Mais que dis-je ? avant de le condamner, examinons ma conduite. Chacun ici se plaint de moi.... Tous ils m'accusent.... Serois-je donc en effet une femme insupportable ! Aurois-je mérité la haine de tous ceux qui m'entourent !... Mais Derville que j'aime, que j'adore.... Ah! l'idée d'une séparation me tue !...

(*On entend le son du tambourin et du galoubet.*)

On vient. C'est la noce... Retirons-nous, et cachons ma douleur.

(*Elle rentre dans le pavillon à l'arrivée de la noce.*)

SCÈNE X.

DERVILLE, DUCHEMIN, LOUISE, ZAGO, MATHURIN, BLAISE, CLAUDINE, TOUTE LA NOCE.

(*Derville donne le bras à Claudine, Blaise à Louise, Duchemin est en avant, et Zago précède la marche en jouant du tambourin. Derville et Louise paroissent tristes.*)

DUCHEMIN.

Air : *D'un tambourin de Rameau.*

Vive un tambourin qui nous réveille :
Oui, c'est l'instrument
Le plus charmant.

TOUS.

Vive un tambourin, etc.

DUCHEMIN.

Rien ne chatouille l'oreille
Comme le son guilleret
Du galoubet.

TOUS.

Rien ne chatouille, etc.

(*Pendant cet air, la marche a traversé le théâtre, et dépassé la grille pour établir la danse dans le jardin.*)

BLAISE.

Allons, mes amis, une contredanse. M. Duchemin, v'là Claudeine qui vous tend les bras.

DUCHEMIN.

Grand merci, je ne suis pas pour la contre-danse.

BLAISE.

C'est l'allemande?

DUCHEMIN.

Encore moins; je danserai modestement le petit menuet : mais commencez toujours.

BLAISE.

Eh ben, vous nous montrerez les figures.

DUCHEMIN.

Soit; le conseil c'est mon fort : quant à l'exécution....

BLAISE.
C'est vot'foible.... gna pas d'mal à ça ; chacun son genre.
DUCHEMIN.
Derville va faire danser Claudine, et il s'en acquittera mieux que moi.
BLAISE.
Ça s'pourroit ben, au moins. (*Il présente sa main à Derville.*) A vous, monsieur ; moi j'prends Louise. (*Il présente la main à Louise, qui l'accepte tristement.*) Mais quoi qu'vous rêvez donc, vous êtes ben triste ?
LOUISE.
Je ne suis pas gaie.
BLAISE.
Consolez-vous, vot'tour viendra. — En place. (*La contre-danse se forme.*) Allons, Zago, fais-nous ronfler ça joliment.
ZAGO.
Laquelle ?
BLAISE.
Laquelle ?... Ma foi... une qui aille toute seule ; car dans c'pays-ci, je n'sommes pas forts sur la partie d'la danse.
ZAGO (*Il prélude l'air.*)
Voulez-vous celle-là ?
DUCHEMIN.
Oui, oui.
ZAGO (*serrant les cordes du tambourin.*)
Ça y est.

SCENE XI.

LES MÊMES, HONORINE.

(*Paroissant à la fenêtre du pavillon, au-dessus du cabinet de toilette, en face du public, et n'étant apperçue d'aucun des autres personnages.*)

HONORINE.
Que je suis malheureuse ! Abandonnée à ma douleur, personne ne s'intéresse à moi.
DUCHEMIN.
Le grand rond.

COMEDIE.

HONORINE.
Air : *De la contre-danse.*

On se livre au plaisir,
 Honorine
Seule est chagrine ;
On se livre au plaisir,
Et moi seul je dois souffrir.

DUCHEMIN (*indiquant les figures.*)

Croisez, balottez.

HONORINE.
Si mon époux
Suit son courroux,
 Que ferai-je,
Hélas ! et que deviendrai-je ?

DUCHEMIN.

Chassez.

HONORINE.
Aujourd'hui,
Sans appui,
Comment me trouver avec lui ?

DUCHEMIN.

Dos à dos.

HONORINE.
Ah ! ce moment est effrayant !
Que dira-t-il en me voyant ?
  (*Elle reste rêveuse.*)

DUCHEMIN.

Faites tourner la dame.... C'est ça. (*Chantant sur l'air de la contre-danse.*) Ballottez, rigaudon, en avant... Allez... A merveille, balancez, rigaudon.... En mesure, restez-là... Bon... Trala, la, la, la.   (*Honorine disparoît.*)

BLAISE (*interrompant.*)

Arrêtez, arrêtez... Ecoutez donc, vous autres, j'nous grillons là à l'ardeur du soleil... M'est avis que j'serions mieux sous les grands maronniers.

DERVILLE.

Il a raison.

TOUS.

Allons-y. (*Ils s'enfoncent dans le jardin et disparoissent.*)

CLAUDINE (*à Louise qui reste.*)

Viens donc, Louise.

LOUISE.

Tout-à-l'heure..... Fais-moi le plaisir de prendre ma place pour un instant.

CLAUDINE.

Oui, oui.   (*Elle sort.*)

SCÈNE XII.
HONORINE, LOUISE.

LOUISE (*à part.*)

Le bonheur d'Honorine, la tranquillité d'une famille qui seroit peut-être heureuse et paisible sans moi, tout me fait un devoir de ne pas différer plus long-temps.

HONORINE (*à part.*)

Louise semble vouloir me parler.

LOUISE (*avec un peu de crainte.*)

Ma chère maîtresse, daignez m'écouter sans colère.

HONORINE (*avec bonté.*)

Approchez, Louise, ne craignez rien.

LOUISE.

O ma bienfaitrice ! je comptois passer mes jours auprès de vous et vous consacrer toute mon existence ; mais puisque je suis devenue dans cette maison un objet de discorde, je n'y dois pas rester davantage, et je suis prête à me rendre dans l'asyle qu'il vous plaira de m'indiquer.

HONORINE.

Est-il possible ?

LOUISE.

Air : *L'amour donne de la mémoire.*

Ordonnez du sort de Louise ;
Vous la voyez à vos genoux.

(*Elle se jette à genoux, et Honorine la relève avec douceur.*)

Résignée à tout et soumise,
Vous obéir lui sera doux :
  Elle est digne encore
Des bontés dont on l'honore :
Et quelque soit sa douleur
  Et son malheur,
Louise, tant qu'elle vivra
De vos bontés se souviendra.

HONORINE (*à part.*)

Que son dévouement, que sa candeur me touchent ! (*haut.*) Quoi ! Louise, tu ne me hais pas ?

LOUISE.

Moi, vous haïr !

HONORINE.

J'ai été pour toi si injuste !

LOUISE.

Si généreuse !

HONORINE.

J'ai fait le tourment de ta vie.

COMEDIE.

LOUISE.

Vous avez pris soin de mon enfance.

HONORINE.

Je t'ai accablée de mauvais traitemens.

LOUISE.

Vous m'avez comblée de bienfaits, et rien au monde ne pourra me les faire oublier; je me trouverois sans appui, sans asyle, au sein de la misère, que mon cœur vous seroit toujours également attaché.

HONORINE.

C'en est trop.... Je ne puis retenir mes larmes.... Ma chère, ma bonne Louise, j'ai bien des torts à réparer envers toi.... Promets-moi de ne jamais me quitter, et sois toujours mon amie.

LOUISE (se jetant dans les bras d'Honorine.)

Vous ne croyez plus à vos soupçons, vous m'aimez encore. (*Honorine la presse contre son sein.* (Ce moment efface toutes mes peines; il ne me reste plus qu'à faire des vœux pour vous voir heureuse.

HONORINE.

Heureuse! moi!... Jamais, jamais... J'ai perdu le cœur de Derville.

LOUISE.

Il vous aime toujours.

HONORINE.

Eh! comment l'espérer!

LOUISE.	HONORINE.
Air: Duo *De Blaise et Babet*.	
Du plus tendre époux,	Ah! de mon époux,
Ah! vous êtes chérie!	Dois-je être encor chérie,
Revenir à vous,	Lorsque mon courroux
C'est sa plus douce envie.	Fit les maux de ma vie.

LOUISE.

Il doit avoir bien du chagrin;
Mais il va changer de dessein.....

HONORINE.

Puis-je blâmer son dessein?

LOUISE.	ENSEMBLE.	HONORINE.
Il verra son épouse		Trop long-temps son épouse
Douce, bonne et plus jalouse.		Fut et grondeuse et jalouse.

LOUISE.

Tout changera demain,
Et vous n'aurez plus de chagrin.

ENSEMBLE.

HONORINE.	LOUISE.
Ah! de mon époux, etc.	Du plus tendre époux; etc.

HONORINE.

J'apperçois Derville et mon oncle; ils semblent venir de ce côté... Je vais essayer de parer le coup dont je suis menacée; mais je crains bien de ne pas réussir.

LOUISE.

Vous réussirez (*à part*), et nous empêcherons qu'on ne vienne interrompre cette explication.

(*Louise laisse passer Derville et Duchemin dont elle n'est pas vue, et se retire ensuite derrière la grille, d'où elle observe ce qui se passe sur le devant du théâtre.*)

SCENE XIII.

HONORINE, DERVILLE, DUCHEMIN.

DERVILLE (*en entrant avec Duchemin sans voir Honorine.*)

Air : *Non, ma chère Lise.*

Non, c'est impossible,
Non, jamais
Nul espoir de paix
Avec cet esprit inflexible :
Non, c'est impossible,
Et je veux
Rompre enfin des nœuds
Qui me rendent trop malheureux.

DUCHEMIN.
Mais pourtant ton cœur l'adore.

DERVILLE.
Ah ! quand on aime sans retour,
On parvient à vaincre l'amour.

DUCHEMIN.
Attends : mon cher, attends encore.

HONORINE. (*à part.*)
Ciel ! est-il possible !
Désormais
A tous mes regrets,
Il sera donc inaccessible,
Ciel ! est-il possible !
Sort affreux !
Quoi ! pour être heureux,
Il croit devoir rompre nos nœuds !

DUCHEMIN.
Crois qu'il est possible
Qu'à jamais
Tu trouves la paix,
Avec cet esprit peu flexible,
Oui, oui, c'est possible ;
Et tu veux
Dissoudre des nœuds
Qui pourroient devenir heureux !

DERVILLE.
Non, c'est impossible, etc.

Ensemble {

COMEDIE.

DUCHEMIN.

Enfin, mon cher Derville (*appercevant Honorine*) c'est elle!... Tant mieux..... (*Appuyant sur ce qu'il dit.*) Ma foi, puisque tu es irrévocablement déterminé à consommer le divorce....

DERVILLE.

Oui, c'est un parti pris.

HONORINE (*paroissant aux yeux de Derville.*)

Il est donc vrai que tu m'abandonnes! Il m'a fallu l'entendre de ta bouche pour le croire.

DERVILLE (*s'efforçant de prendre le ton très-sévère.*)

Oui, madame, je romps tous les liens qui m'attachoient à vous, je les romps à jamais.

HONORINE.

Avec quelle assurance il prononce ces mots!

DERVILLE.

Vous l'avez voulue cette funeste séparation, vous avez tout fait pour la provoquer.

HONORINE (*douloureusement.*)

Ah! mon oncle....

DUCHEMIN.

C'est là ce que je prévoyois.

DERVILLE.

Pourquoi vous plaindre quand vous avez cherché votre sort?

HONORINE.

Ah! Derville, tu serois bien vengé, si tu pouvois connoître tous les reproches que je me fais.

DERVILLE (*à part.*)

O ciel!

DUCHEMIN (*idem.*)

Nous y voilà.

DERVILLE (*bas à Duchemin.*)

Quel langage!

DUCHEMIN (*bas à Derville.*)

Elle est vivement affectée.

HONORINE.

Je conviens que j'ai mérité ma destinée.

DERVILLE.

Vous avez fait le malheur de mes jours.

HONORINE.

Oui; mais malgré tous mes torts, tu n'as jamais pu douter de ma tendresse pour toi; et dans ce moment encore, ton inflexible sévérité change mon caractère, sans rien changer à mon cœur.

DERVILLE (*bas à Duchemin.*)

Ah! s'il étoit vrai.....

DUCHEMIN (*bas à Derville.*)

Doucement, il faut la voir venir.

DERVILLE (à *Honorine, d'un ton moins sévère.*)
Puis-je croire que vous m'ayez jamais aimé, lorsque toute votre conduite?...

HONORINE (*accablée de douleur.*)
Vous avez raison ; mon amour ressembloit à la haine, en avoit tous les effets, (*avec l'accent de la plus vive douleur*); j'ai dû perdre votre cœur, je l'ai perdu....

(*On voit paroître au fond du théâtre, quelques personnages de la noce qui semblent venir chercher M. Derville et Louise : celle-ci les empêche d'approcher ; ils se tiennent derrière la grille, ainsi que le marié et la mariée qui arrivent ensuite, et observent avec beaucoup d'intérêt ce qui se passe sur le devant de la scène.*)

DUCHEMIN.
Voilà où t'a réduit ta mauvaise tête.

HONORINE.
Oui, mon oncle, joignez-vous à lui, et tous les deux accablez-moi de reproches, je les ai mérités ; je reconnois mes fautes, mes erreurs, j'ai honte de ma conduite et de moi-même, mon mari devroit me haïr, me détester.... Rien ne peut me consoler de l'avoir tourmenté ; et c'est à ses pieds que je veux implorer mon pardon.

DERVILLE (*voulant l'empêcher de se mettre à genoux.*)
A mes pieds....

DUCHEMIN (*à part, retenant Derville.*)
Laisse-la faire.

HONORINE (*aux genoux de Derville.*)
On ne s'avilit point aux genoux de ce qu'on aime.

DERVILLE (*s'arrachant aux efforts de Duchemin pour le retenir.*)
Je n'y tiens plus. (*Relevant Honorine.*) Chère épouse, viens dans mes bras.

HONORINE (*se jetant au coup de Derville.*)
Ah! mon ami.

SCÈNE XIV, et dernière.

LES MÊMES, LOUISE, ZAGO, MATHURIN, BLAISE, CLAUDINE, TOUTE LA NOCE (*arrivant gaiement.*)

CHŒUR.

DUCHEMIN, LOUISE, MATHURIN, ZAGO, TOUTE LA NOCE.

Air : *O jour heureux.*

ENSEMBLE
{ Ah! quel plaisir! ah! quelle douce ivresse!
{ A la douleur succède l'allégresse :
{ Nous bénissons le jour heureux

COMEDIE.

ENSEMBLE
{
    Qui vous réconcilie :
Jouissez-en, et de tous deux
    Que le passé s'oublie :
Ah ! quel plaisir ! ah ! quelle douce ivresse !
A la douleur succède l'allégresse.
      Tendres époux !
      Comme pour vous
  En ce moment tout change !
      Plus de chagrin,
      Goûtez enfin
Un bonheur sans mélange ;
    Et désormais
Vivez toujours en paix.

DERVILLE, HONORINE.
Ah ! quel plaisir ! ah ! quelle douce ivresse !
A la douleur succède l'allégresse :
Ah ! bénissons l'instant heureux
  Qui nous réconcilie ;
Jouissons-en, et de tous deux
    Que le passé s'oublie :
Ah ! quel plaisir ! ah ! quelle douce ivresse !
A la douleur succède l'allégresse.
      Quel sort plus doux !
      Comme pour nous
  En ce moment tout change !
      Plus de chagrin,
      Goûtons enfin
Un bonheur sans mélange ;
    Et désormais
Vivons toujours en paix.
}

DERVILLE.

O ma chère Honorine, sois aussi raisonnable que tendre, et nous serons toujours heureux.

HONORINE.

En me conduisant d'après ma tête, j'ai fait mon malheur et le tien ; en prenant mon cœur pour guide, je crois notre bonheur assuré.... Mes amis, vous avez tous à vous plaindre de moi....

LOUISE.

Vous êtes heureuse, et tout est oublié.

TOUS.

Oh ! oui, tout est oublié !

MATHURIN (*à Honorine.*)

Excepté vos bienfaits qui sont gravés là.
              (*Montrant son cœur.*)

DUCHEMIN.

Ah ! ça, puisque tout est raccommodé, j'espère que nous souperons plus gaiement que nous n'avons dîné.

HONORINE.

Daignerez vous pardonner ?...

DUCHEMIN.

Ma chère amie, c'est à toi de me pardonner; oui, tu vois un coupable, c'est moi qui suis cause que Derville aujourd'hui....

HONORINE (*embrassant Duchemin.*)

Ah! mon oncle, vous m'avez rendue à la raison, c'est un titre de plus à ma reconnoissance.

DUCHEMIN (*à Derville.*)

Eh bien! mon ami, avois-je tort? Il y a toujours de la ressource quand le cœur est bon.

VAUDEVILLE (de M. Jadin.)

DERVILLE.

Sexe charmant, par qui nous sommes
Bons ou méchans heureux ou malheureux,
Vous devez captiver les hommes
Par tous les droits que vous avez sur eux :   (*bis.*)
Mais de ces droits incontestables,
Quelque soit le pouvoir vainqueur,
Les plus certains, les plus durables,
C'est la bonté, c'est la douceur.   (*bis.*)

LOUISE.

Dans un pays tel que le nôtre,
Où tour à tour on se doit assister;
Le droit de commander à l'autre
N'est pas celui de le persécuter :
Vous qui prêchez l'obéissance,
Au lieu d'inspirer la terreur,
Adoucissez la dépendance
Par la bonté, par la douceur.

DUCHEMIN.

Si la terreur vouloit surprendre
Et diviser tous les honnêtes gens,
Francais, tâchons de nous entendre;
Nous déjouurons encor les intrigans.
Ah! parmi nous que la justice
Fixe la paix et le bonheur ;
Et que leur règne s'affermisse
Par la bonté, par la douceur.

HONORINE. (*au public.*)

J'étois pleine d'extravagance ;
Mais me voilà raisonnable à présent.
En ces lieux avec indulgence,
Vous avez vu cet heureux changement:
Sur d'autres défauts d'Honorine,
N'usez pas de plus de rigueur ;
Et que ce soit tout se termine
Par la bonté, par la douceur.

Fin du troisième et dernier Acte.